世界社会保障制度系列丛书
丛书主编 郑功成

U0939205

法国
社会保障制度

弗朗西斯·凯斯勒 (Francis Kessler) 著
于秀丽 李之群 译

The French Social Security System

中国劳动社会保障出版社

图书在版编目(CIP)数据

法国社会保障制度/(法) 弗朗西斯·凯斯勒著；于秀丽，李之群译. —北京：中国劳动社会保障出版社，2016

(世界社会保障制度系列丛书/郑功成主编)

ISBN 978-7-5167-2775-1

Ⅰ.①法… Ⅱ.①弗…②于…③李… Ⅲ.①社会保障制度-研究-法国 Ⅳ.①D756.57

中国版本图书馆 CIP 数据核字(2016)第 229345 号

中国劳动社会保障出版社出版发行

(北京市惠新东街 1 号 邮政编码：100029)

*

北京华联印刷有限公司印刷装订 新华书店经销

787 毫米×1092 毫米 16 开本 11 印张 141 千字

2016 年 9 月第 1 版 2016 年 9 月第 1 次印刷

定价：36.00 元

读者服务部电话：(010) 64929211/64921644/84626437

营销部电话：(010) 64961894

出版社网址：http://www.class.com.cn

中国社会保障学会与中国劳动社会保障出版社联袂推出

丛书编委会

总　序

如果要追溯社会保障的渊源，有着连续数千年文明史的中国应当是最具代表性的国家。因为在其有文字记载的漫长历史画卷中，各种描绘社会保障思想与实践活动的文字屡见不鲜，一些社会保障措施甚至自古一直柔性传承至今。然而，以平等、法制、共享等为基本元素的现代社会保障制度，却是现代化进程中带给人类社会的一个异常重要的制度性文明成果。德国因在 19 世纪 80 年代首创社会保险制度而成为这一制度文明的起源国，之后被其他国家所仿效。在历经 20 世纪 30 年代美国全面建立社会保障制度和 20 世纪 40 年代末英国将自己的社会保障制度升华为福利国家等重大事件后，社会保障制度对国家治理、社会经济发展与人民福祉提升所具有的必要性与重要性即获得了世界各国的广泛认同。在当今世界，社会保障已经成为现代国家治理体系中不可或缺的支柱性制度安排，也成了各国人民共享国家发展成果的基本途径与制度保障。

中国是一个大国，也是一个行进在现代化快车道上的发展中国家。在中华人民共和国成立后，除了柔性传承着历史中国的一些社会保障做法外，更在短短几年内就建立了以劳动保险为主体的统一的社会保障制度。这套制度不仅极大地缓解甚至消除了当时社会弱势群体的现实困难，而且为全体人民（特别是城镇居民）提供了稳定可靠的安全预期，它使新生的人民政权迅速赢得了民心，也为国家在严酷的内忧外患环境下获得快速发展创造了万众一心、众志成城的优良社会氛围，这不仅被视为社会主义制度优越性的具体体现，而且在国家治理中扮演着极为重要的角色。

改革开放后，伴随经济体制改革的推进，中国社会保障制度也进入了改革年代，近30年来，几乎所有社会保障项目均进行了深刻的制度变革，原有的以国家负责、单位或集体包办、板块结构、封闭运行为基本特征的社会保障制度已转型为以政府主导、责任分担、社会化、多层次化为基本特征的新型社会保障体系。不过，这种转型还未最终完成，而漫长的试点先行、渐进改革方式亦形成了新的路径依赖，这使得新型社会保障制度还面临着深化改革的艰巨任务。目前，中国的社会保障改革正处于关键时期，中央层面的顶层设计在紧锣密鼓进行中，让这一制度走向成熟、定型已经是国家层面的紧迫任务。

毫无疑问，中国的社会保障制度，必然要打上中国特色的烙印，但也必须充分吸收人类社会共同的文明成果，这就需要了解他国的社会保障制度，并在真正了解的基础上认识和把握社会保障制度发展的客观规律。有鉴于此，中国社会保障学会将组织、出版世界社会保障制度系列丛书列为十分重要的学术工作，并于2015年夏通过青年委员会开始组织申报与评估，接着陆续确定合适的作者承担著作任务。这套丛书的使命，就是尽可能全面、客观地介绍各国的社会保障制度，包括其发展脉络、制度框架、基本特征和主要制度运行的基本情况，以便为读者了解并理解国外社会保障制度提供一个高质量的蓝本。为此，我们确立了三项原则：一是以在国外专门研修过或者正在国外研修社会保障制度的研究者为作者队伍的主体，必要时邀请国外学者撰著本国的社会保障制度；二是强调突出对各国社会保障制度进行客观介绍，力求内容完整、资讯新颖；三是要求简明扼要，为读者自主判断留出空间。因此，这套丛书应当有着区别于其他研究外国社会保障制度的图书的独特价值。

感谢中国劳动社会保障出版社的大力支持，该社作为中国社会保障领域具有广泛影响力的专业出版社，出版过大量有价值的社会保障图书，中国社会保障学会将这套具有独特价值的丛书交由该社陆续出版，无疑是本专业领域的最优合作。

我相信，这套丛书一定能够给中国的社会保障研究者、社会保障实务工作者以及对社会保障有兴趣的读者带来丰富的资讯与诸多的启迪。

中国社会保障学会会长　郑功成

2016 年 9 月 1 日于北京

郑功成（Zheng Gongcheng），现任中国社会保障学会会长，中国人民大学教授，同时担任全国人大常委会委员、全国人大内务司法委员会委员。兼国务院医改咨询委员会委员、国家减灾委专家委员会副主任和多个部门的咨询委员或顾问。长期从事社会保障、慈善公益、灾害保险及与民生相关领域的理论与政策研究。

序

《法国社会保障制度》的出版，标志着“世界社会保障制度系列丛书”开始进入收获阶段。为此，很高兴应作者之邀为之作序，并借此表达我对弗朗西斯·凯斯勒（Francis Kessler）教授所给予的友好合作的衷心感谢！

众所周知，法国自中世纪末期开始就是在世界上有重要影响力的欧洲大国，法兰西文化更以其拥有众多对人类发展影响深远的思想家与文学家而成为人类文明特别重要的组成部分。法国人民还有着不断革命的传统，1789 年开始的法国大革命作为法国历史的分水岭，将 1 000 多年的封建统治送进了历史，资本主义在法国得以确立和发展；1871 年爆发的巴黎公社运动虽然被镇压，却对世界社会主义运动产生了重大影响；尽管法国大革命与巴黎公社运动已经远去，但余音迄今仍未散尽，足见其影响之广泛与深远。法国的国旗是蓝、白、红三色旗，分别代表着自由、平等、博爱；法国的国歌是《马赛曲》，更被称为自由的赞歌。所有这些，均表明法国有着自己深厚的历史、文化与传统，而法国的社会保障制度正是在这种历史、文化与传统的大背景下得以产生与发展起来的，它必定有着法兰西的特色。

本书作者是法国知名社会保障学者。与弗朗西斯·凯斯勒教授的合作始于 2015 年一次非常友好的会面，在交流中我们各自介绍了中、法两国的社会保障制度框架与基本特色，一致认为有必要增进这一领域的交流与合作。当时，鉴于法国社会保障制度的结构复杂，我提议他为中国读者写一本介绍法国社会保障制度的图书，他十分痛快地答应了。并立即付诸行动，高效率地完成了法文版的《法国社会保障制度》著作。之后再请于秀丽博士等翻译成中文，这就是现在摆在读者面前的这本书。

作为丛书主编，我能够先睹为快。从凯斯勒教授短小精悍的著作中，我们可以清晰地看到法国社会保障制度的演进线索、完整的制度框架及其实际运行状态，尤为难得的是他以法学学者的身份并从权利的视角来解析法国的社会保障制度，更符合法制化的社会保障制度的要求。因为社会保障在欧洲通常被认为是人权、公民权的重要内容，是法律赋予国民的重要权利，相应地也应当是法律赋予政府的重大责任。

本书的出版，为中国读者了解法国的社会保障制度提供了可信的蓝本。再次感谢凯斯勒教授！

丛书主编　郑功成

2016 年 9 月 1 日

目　　录

第一章

导　论

“社会保障的权利贯穿人的一生：从胎儿到生命的最后一息。”[①]

我们引用皮埃尔·拉罗克（Pierre Laroque）《社会保障和公共生活》（1960 年）一书中的这句话，意在说明一个矛盾的事实：一方面在我们日常生活中，社会保障无处不在，而另一方面与此相对应的是社会保障的法律研究甚少。[②] 德国社会学家莫西·莱温（Moshé Levin）早在 1924 年针对德国社会保险的发展情况阐述道：“在社会保险这一全新领域的法学家中外行人占绝大多数，他们从心灵深处抵触这一特殊权利，因此也未能全心投入这一伟大设想的法律研究中。”[③] 值得注意的是，九十多年前的这一评论仍然符合当今实际情况。

定义社会保障并非易事，亦没有统一概念。同样使用社会保障一词，在法国[④]、欧洲[⑤]或其他国际研究机构[⑥]概念、内涵都不尽相同。

---

① Laroque. P. Sécurité sociale et vie publique. Dr. Soc. 1960：665.

② Fukusawa A. Les historiens français face *à* la protection sociale（1950—2000）. Mouvement soc.，2002：129；他注意到，“和其他欧洲同行以及其他学科的研究者相比，法国社会历史学家直到 20 世纪 80 年代才对‘社会保障’和‘福利国家’表现出研究兴趣”。

③ Levin M. Über die erzieherische Bedeutung des Sozialrechts. *Juristische Woche*，1924：1017.

④ 社会保障账户是国家公共财务账户之一。它记录社会保障制度每年收入和支出情况，也详细列出社会保障各个项目和筹资机构。

⑤ 2000 年 6 月，欧洲理事会专门成立了社会保障委员会。

⑥ Holzmann R. La protection sociale et son rôle dans les programmes de politique de la Banque mondiale. washington：world bank，2003（6）.

法律范畴的社会保障是指社会为保护个人、规避社会风险而采取的一整套措施。[①] 欧洲委员会认为："社会保障应被定义为基于权利的、为抵制社会预期风险而设立的一种保障手段。它包含为保护个人和家庭免受社会风险的冲击而设的所有转移支付（现金和保障服务）制度。"[②] 欧洲社会保障统计系统（SESPROS）这样界定社会保障：为了减轻个体无法解决的确定性社会风险和生活需要所带来的费用压力而采取的一切包括公共部门或私人部门组织的干预措施。[③] 而世界银行给出的定义是：社会保障一般指国家为保障个人收入而采取的措施。世界银行还提出另一个定义，即社会保障是基于以下两个目的采取的公共政策：其一是为帮助个人、家庭和集体更好管理风险；其二是为特别贫困人口提供援助。[④] 此外，国际劳工大会在 2011 年专门就社会保障定义进行了商议："社会保障概念的基础包括贯穿生命始终，让所有人的基本安全需要得以满足，并为他们提供必要的医疗卫生保障和按照国民生活需要而定义的最低收入保障。社会保障的相关制度应从这一基本点出发，致力于让人们方便获取必要的服务和财物，促进经济生产活动，同时需注意与其他制度紧密协调，以改善用工条件，减少非正式用工及其不确定性，创造体面工作机会并促进企业精神"。[⑤]

从以上定义的共性我们可以总结出，社会保障是对社会风险的偶然性所作出的反映。它是由不同机制元素构成，通过法律途径，借助社会转移、个人服务或由个人组成的组织服务进行帮扶的制度。社会保障负责人从本质上代表国家。这些通过不同司法手段落实的不同社会保障制度是建立在不同的司法和哲学依据上的，并会相互作用。同理，其中一个制度的修改也会影响

---

① Cornu G. etc. *Vocabulaire juridique*. Paris：PUF，1987：627.

② Duffy K. Rapport final Programme HDSE du Conseil de l'Europe. Opportunité et risque：les tendances de l'exclusion sociale en Europe. Strasbourg：the council of Europe，1998.

③ Eurostat. Manuel SESPROS. Luxembourg：European statistics，2008：10.

④ Gestion du risque social：cadre théorique de la protection social. 世界银行的使命是"帮助各国发展经济以及消除贫困"。

⑤ Le socle de protection sociale pour une mondialisation juste et inclusive.

到其他制度，就像玩麦卡农（Meccano）装配玩具和乐高积木一样，动一个部件会影响整个结构。①

因此，社会保障法律系统必然是复杂的。不仅如此，它还不断受到国家发展的历史和社会思想的影响。社会保障的法律是发展变化的，它反映的是一个现实社会或者理想社会的类型，特别是反映在这样的社会中社会团结的程度。

也正是因为以上原因，与其他法律领域的概念和基本原则相比，有关社会保障的思想、范围及其组织管理历来受到更多关注和讨论。

我们可以得出社会保障的定义：社会保障是为对抗某一时刻、某一状态下的社会风险而设立的不同的保障手段组合。值得注意的是，并不是社会生活中存在的所有风险都可以被认为是“社会风险”，只有当风险成为或可能成为公共权利干预的对象，我们才称之为“社会风险”。

社会风险的定性可以用来描述比较严重的问题，必须考虑引入可能的公共干预措施。从这一角度看，社会风险的概念也受到人们认为是否有行动的必要性这个因素的影响：当风险成为公共干预的对象，或至少人们认为有必要干预的时候才是社会性的。

社会风险的概念还说明了，在一个既定的时刻，一方面个人无力独自面对一个事件，另一方面是集体认同。即在一个集体中有一定数量的成员处于难以接受的艰难处境。除了个别特例（运气）外，无论个人条件如何，只要他们从属某一个社会类别，他们都会暴露于相同的风险境况，都无法个人面对这些正常存在的“不测风云”，这时的风险是社会风险。②

这是社会团结的道路：风险是一种社会负担，这一负担应该在集体中分配。这就意味着集体需要考虑“做点事情”。因此就必须求发展，采取一定手

---

① Jenson J., Saint-Martin D. Building Blocks for a New Welfare Architecture: Is LEGOTM the Model for an Active Society? AISS, 2004.

② 人民行动期刊 [J]. 1957 (106): 319.

段，并意识到对一定数量的不幸事件负责，将其集体化解。

社会风险也可以定义为：影响个人经济生活的不确定事件，它会导致社会秩序紊乱，必须采取措施回应。社会风险的共同点还有，它一定是可以用货币单位来表达的。在这个意义上，也只有在这个意义上，社会风险则是“经济风险”。①

另外，社会风险只能发生于一个自然人（或由自然人组成的一个群体）。

关于社会风险的定义当然是灵活的和发展的，它受到社会各方面条件的约束，总是随着一定时期的发展水平和经济组织方式的变化而变化。

因此，社会风险的概念具有先验性，是与一定社会、社会的组织以及社会表征（社会价值观、思想、信仰、实践等）联系在一起的。

社会风险的定义并不预先判断集体干预的形式，除了一点是确定的，即采取集体措施而不是个人单枪匹马解决社会风险，② 其他关于形式等的问题都没有确定的答案。

要描绘社会保障的基本内容，需要从本质上介绍不同的化解社会风险的手段和机制。除了分别介绍这些保障手段，也必须说明这些措施如何在一个既定国家——法国，组合和相互作用成一个有机整体。接下来，我们在本书中介绍法国社会保障制度。

---

① Alfandari E. L'évolution de la notion de risque social. Les rapports de l'économique et du social. RIDE，1997：9.

② William Beveridge. Insurance for all and everything. London. Daily news，1924：6. 文中提到：风险“可以影响到普通人”，它对个人来说是不确定的，但对于集体来说则是确定的，因此需要集体采取措施对待，而不是期望个人来解决。

第二章

法国社会保障制度的发展演变

在这章，我们将主要从法国法律的发展出发，尝试阐述构成社会保障体系中各组成元素的定义，以及它们创建或被认同的时间，并简要追溯他们的发展历史。① 不同的社会保障手段，有些存在已久，而有些则是新近创立，它们广泛并共同存在于现代生活中，是构成社会保障“麦卡农”（Meccano）有机组成部分。

当前社会保障制度的形成依次经历了：无差别保障手段，然后是在此基础上增加针对一定社会群体的，对抗某种社会风险的保障机制手段，比如贫困人口和雇员。社会保险和社会保障的概念出现以后，其概念的表述和内容也随之发展有所不同，保障全体人口面对某些社会风险逐渐成为主要考虑的课题。专门针对贫困人口和雇员的保障制度则面临全部或部分修整、重组、补充，有些会被覆盖全部人口的保障制度所取代。

我们注意到，如今不划分人群的保障方式正在经历明显的回归，尤其在储蓄和慈善事业方面。同时社会保障以及刑法规则围绕“社会—安全”的干预也在进行重新定位。② 我们也观察到，法令中的权利和义务相关性得到发展，按照安东尼·吉登斯（Anthony Giddens）的表述，“没有尽义务就不能

---

① 关于社会保障分类参考：Zacher H. F.，Kessler F. Rôle respectif du service public et de l'initiative privée dans la politique de sécurité sociale. Revue Internationale de Droit Comparé，1990：203.

② Réa A. Les ambivalences de l'État social-sécuritaire. LSP，2007：15.

享受权利”。[①] 这种相关性成为“使能国家”（Etat activateur）关键因素：它不仅“保障”受益人享受社会保障权利，也“要求”他们履行相关义务。一些人也讨论“惩罚型福利国家”，强调对那些骗取社保或滥用社会权利的人实施严厉的惩罚和制裁。[②]

维持生活水平的保险逐渐从法定社会保险向补充保险转变。

法国社会保障制度的表现形式和发展轨迹也如上所述。

第一节 无差别保障手段

保障最初级的形式，自然地存在于家庭、家庭成员或“社区”。其他机制则或多或少复杂些，是为了防范一种“不幸”而实施的：比如慈善事业，以及民事责任、互助医疗保险。此外，还有一个“现代”工具——税法，它旨在提高抵御社会风险的保障覆盖率。

以上谈及的各个保障手段共同点不多。有的保障手段是非自我保障，如互助保险[③]；有的是对他人的保障，如慈善；有些保障手段则是通过司法批准，如赡养/抚养义务和民事责任，而有些（比如慈善）方面则不属于司法强制的民事责任范畴。以上提及的保障手段的共同特点是他们的“无差别”性：即这些技术手段不是专门为抵制某些社会风险而存在的，它们可以照顾人类活动的方方面面，某些情况下，它们作为社会保障的手段之一发挥着无法忽视的作用。

一、家庭和社区的互助

在所有的国家，无论发展程度如何，家庭在收入安全和提供基本服务（如医疗照顾或日常照顾）方面都扮演着重要的角色（第 1 小节）。个人有时

---

① Giddens A. The Third Way. The Renewal of Social Democracy. Cambridge: Polity Press, 1998: 65.

② Vonk G. Law and the rise of the repressive welfare State, BLQS, 2013 (30): 121.

③ 1848 年 11 月 4 日宪法规定，“市民应该通过工作，必要的生活来源，以及互助医疗保险和未来的资源为自身提供保障”。

还可以从邻里社区团结或地方团结系统中受益，有时我们称为“社区（团）行动”（Action Communautaire）或“关怀”（Care）（第2小节）。

1. 严格意义上的家庭互助

很显然，家庭或家族是个人得到照顾的第一个地方。家庭成员间的互助对于公共财政来说的主要优势是不需支付昂贵的成本：它是无偿的。因此，从这个意义上说，家庭内部互助与经济贸易无关，不计入社会保障体系。

有关社会救助的立法将家庭团结置于优先地位。社会救助立法规定，集体团结和家庭团结的关系遵循辅从原则，从根本上讲，家庭内部互助优先于集体提供的援助，这种优先通过抚养或赡养义务的手段实现。[①] 这种家庭团结，在英美研究中被形容为“没有薪水的工作”（unpaid work），被传统地认为是女人的工作，与之相对的是一家之主会为家庭提供的“保护”和经济支持。在这个被刘易斯（Jane Lewis）称为“男人赚面包”的社会模式下，家庭不仅是社会的基本单位，而且也是劳动产品和服务的经济生产单位。[②]

为了使家庭内互助起到一定作用，首先必须存在按上述模式组建的家庭。另外，组成家庭的成员必须有帮助的意愿。因此，这项措施的落实并不是自然而然的。同时，家庭内部互助的不便之处还在于，当面临的风险压力过于“沉重”而超过物质上和经济上可以承受的能力时，这种帮扶是不够的，这时家庭也无法提供需要的帮助。家庭内互助不是用之不尽的。

虽然存在以上不便之处，家庭内互助仍然是社会保障的基本元素。它的存在也使得公共干预的范围得到限制。通常地，尤其是由于预算原因，国家鼓励家庭内部互助发挥社会保障的重要作用。[③]

2. “社区（团）行动”（以下简称社团行动）

社区或社团行动可以定义为人们为满足所在社区或团体组织内部的需求

---

① Potentier P. H. Obligation alimentaire et aide sociale. Dr. Fam. 2006：23

② Lewis J. Gender and the development of welfare regimes. Journal of European Social Policy, 1992（2）：159.

③ Sigle-Rushton W. McLanahan S. For Richer or Poorer? Marriage as an Anti-Poverty Strategy in the United States. Population, 2002（3）：509.

而开展的活动。这些组织采用民主结构，以社团决定产生并为了社团利益而存在，由社团自己决定需要解决的问题和为了解决问题而采取的手段。社团行动是一种无差别保障手段，比如，它们已经极大地改变了男性和女性的社会地位关系，参与了心理健康问题改善，以及反对歧视的活动。

社团行动由互助团体（能够提供实物或工作机会）、协会、慈善机构、教堂等发起设立。这些机构帮助保障个人收入，为那些不幸遭受某种社会风险的人提供服务。因此，政府鼓励甚至主动组织以志愿服务为基础的邻里团结（英语中译为“社团关怀”）。因为贴近受益人群，邻里团结可以提供针对优先需求的服务。这种“团结圈”如今得到很大发展，并更加专业化。“社团团结”处于“家庭团结”和“社会团结”之间，为人们提供服务。①

在法国，由家庭互助行动计划凝结而成的协会和协会联盟成为对那些需要帮助的人不可忽略的支柱：家长协会、残疾人协会②或者其他家庭协会③，这些都是典型的例子。

此外，还有一些从事互助行动的团结融资组织。鉴于银行严格遵循回报率或赢利率规则，银行借款具有选择性和局限性。团结融资组织正是为解决这一问题而产生的，它们名称各不相同，有微型信用基金、团结储蓄④、微型

---

① Fast J. E.，Williamson D. L.，Keating N. The hidden costs of informal elder care. Journal of Family and Economic Issues. 1999，20（3）：301-326；Finch J. Community care and the invisible welfare state. Radical Community Medicine，1986 p. 15。我们也可以参考，Obama B.. Dreams of my father. A story of race and inheritance. Times Books，1995；Bacqué M. H. Associations “communautaires” et gestion de la pauvreté. Les Community Development Corporations à Boston，Acte de la Recherche en Science Sociale，2005（5）：46.

② Dorriguzzi P. L'histoire politique du handicap. De l'infirme au travailleur handicapé. L'Harmatttan press，1992.

③ Merialdo T. Les unions d'association familiales：focus sur un eacteur méconnu de la protection sociale. Regards，2013：169.

④ Artis A. Finance solidaire et système financier：une approche historique. RECMA，2013：79.

融资、社区（团）融资机构①等。“微型融资”包括不同的金融机构，它们在保障经济利润的同时赋予自身社会任务，是针对被排斥在通常的金融体系之外的社会阶层的融资系统，资金回报率也很低。它的特点主要是融资数额较少（一般在1 000欧元，最高不超过6 000欧元）。为有效帮助这些被排斥的人群，这些融资组织除了向他们提供包括如何储蓄和借款的服务外，也对他们进行培训和支持可以创收的项目。20世纪80年代它们出现在法国，并特别经由各类协会的倡导而得到发展，形式各异。其目的都是使得被排斥在银行系统外的人自己创造就业机会。不过，“微型融资”是否是成功对抗贫困的工具还存在异议。②

组织化和专业化的社区（团）互助行动和个人的善举很相近，国家一般鼓励它的发展。在英国，国家邻里关系重建战略（National Strategy for Neighborhood Renewal）项目特别支持这种互助行动。在法国，一些城市社区管理的社会发展政策也向这一行动倾斜。对互助行动的鼓励旨在落实责任和向生活在特定地理辖区的贫困群体赋予应有的权利，使他们生活在一个更具有凝聚力的城市社区。③

二、博爱和慈善事业

慈善的义务，在一些宗教中是对同类的爱的表达，是指经济上富足的个人或由个人组成的群体援助或部分援助一个或多个因遭受社会风险而陷入困境的人。这一私人的帮助可以是通过向个人直接提供帮助（个人需要明确），

---

① 这种借款模式是由第三世界国家引入，是孟加拉国的银行创立。参见：Ninacs W. A. sEntraide économique，création d'entreprises，politiques sociales et empowerment. Nouvelles Pratiques Sociale，1995，vol. 8：97-119；Gueyie J. P. Efficience des institutions de microfinance regroupées en réseau：cas des mutuelles communautaires de croissance du Cameroun. La Revue des Sciences de Gestion，3/ 2010：103.

② Banerjee A.，Duflo E.，Glennerster R.，Kinnan C. G. The miracle of microfinance? Evidence from a randomized evaluation. National Bureau of Economic Research，Working Paper，Cambridge（Mass.），2003（5）.

③ Mayer M. Combattre l'exclusion sociale par l'empowerment：le cas de l'Allemagne. Géographie économie société，2006（8）：37.

也可以通过互助网络提供资金上或物质上的捐助实现。此时，这种私人援助与上面提到的社区（团）互助相互结合。慈善首先是个人的行为。慈善的历史与宗教[①]、行会、职业[②]，同时还与慈善机构以及新近产生的人道主义协会等密切相关。

慈善是一种自由无约束的保障手段。捐赠的行为是自愿的，捐赠的数量和形式也由自己衡量。也正是由于过分依赖捐赠者的个人意愿，慈善在受益人面临社会风险的时候无法提供绝对的保障。

然而，慈善作为保障手段的重要性体现在当集体制度化的社会保障面对社会风险而失灵的时候。[③] 同样，捐赠也构成了对贫困人口援助不可忽视的一部分，它通常为各种团体或机构的日常运营或投资提供资助。

传统上，英美文化的国家有很有实力的慈善组织以及慈善活动，如救世军（l'Armée du Salut）、慷慨的慈善家[④]；德国也有重要的宗教慈善组织[⑤]。在法国，对抗社会风险的战役长期以来属于宗教事务：我们最为熟悉的机构和慈善活动都依然带有浓重的宗教组织模式色彩，如国际性反贫困慈善组织厄玛乌（Emmaüs）、ATD-第四世界（ATD-quartmonde）等；非宗教慈善组织，比如爱心餐厅之家（Le Restaurant du Cœur）等都已成为承担多任务的、持续发展的、对公共社会机构的补充机构。[⑥]

慈善也是跨越国家界限的：在有些地区人们通常能发现临时救助需求，

---

① Chénon E. le rôle social de l'église. Bloud&Gay press，1924.

② 中世纪的行会扶助有两种形式，如果是向行会外援助即是布施，向行会内成员的就是互助。参考：Vincent C. Pratiques de l'assistance dans la vie associative médiévale：aumônes ou secours mutuels? Gueslin A.，Guillaume P. De la charité médiévale à la sécurité sociale，Ed. de l'Atelier，1992：14.

③ Formoso B. Marchands et philanthropes，Ann Histoire，Sciences Sociales，4/2003：833.

④ Abélès M. Nouvelles approches du don dans la Silicon Valley. Revue de MAUSS，1/2003：179；Chelle E. Un patronage philanthropique. La fondation Rockefeller et le traitement de la pauvreté à New York depuis，LSP 2011：101.

⑤ Maurer C. Le modèle allemand de la charité：La Caritas de Guillaume II à Hitler. PU Strasbourg，1999.

⑥ Fretigne C. Le don de soi. Logiques d'engagements des bénévoles d'associations caritatives. Recherche et Prévision，CNAF，1999：1.

这些因战争、重大灾害和危机引起的需求常常由国际团体回应，并被称为“人道主义援助”。

三、民事责任

民事责任使得风险制造方或过错方承担损害赔偿责任。[①] 这一司法规定从而组织形成了一个损失和费用归责机制。[②] 这么做就是“为了保障个人遭受损失后得到修复，保持财物原有状况，并在集体的各成员中重新建立平衡，法律执行的结果就是复原或赔偿”，[③] 遭受的损失越多，赔偿就越多。民事责任一般来说也是特例，仅限于“由于其他人的原因而遭受不幸或损失的情况”。[④] 这是我们所说的“交换正义”，即每个人都需承担他自身财产或作为法律人格所遭受的损失（财产所有者自己承担风险或偶然事件的损失后果），除非可以证明这一风险或损失可以归因于他人。

不难看出，民事责任作为风险的保障手段具有局限性，它只能在存在过错或过失的情况下才起到保障作用。“所遭受的损失，只能在他人过错或过失的情况下才能得到修复或补偿。如果不是这种情况，这种损失只能是‘命中注定’，结果需要个人承担（casum sentit dominus）。”[⑤]

民事责任可以使损失得到补偿，不过有效的前提是受害者能够证明他人责任是构成要件，必须提供证据证明责任人的过错，证明所遭受的损失以及损失和过错之间的因果关系。除此以外，如果只是部分破损或遭受部分损失，损失当事人所提出的补偿要求还应相应减少。如果损失是他自身原因造成的，则不能得到任何补偿。因此，民事责任这一措施在受损当事人有过错的情况

---

① Lambert-Faivre Y. L'éthique de la responsabilité. RTD Civile，1998（1）.

② Gény F. Risques et responsabilité. RTD Civile；1902 年第 812 条确认了：“在所有个人损失的情况下，无论原因如何，都有一个和损失相联系的社会归因”。

③ “民事责任的固有特性是遭受损失后尽可能地重建新的平衡，让受害者重新回到损失发生前的状态”. 民事第一法庭，1995-05-30.

④ Eward F. La notion de risqué. Handicaps et Inadaptation，Cah. CTNERHI 1992：3.

⑤ E. Tarbouriech. La responsabilité des accidents dont les ouvriers sont victimes dans leur travail. V. Giard & E. Brière，1896：23.

下是无效的。

以上关于民事责任的特征说明，民事责任的落实对于解决社会风险的问题上是不足的。[①] 有些时候，这一措施成为辅助措施，并且只是一种“代理追索权”[②]，即只是决定社会保障和商业保险公司间的关系。

四、税法与税制

以税法工具解决社会风险问题被认为象征着社会保障重新定位为向贫困宣战，同时也意味着国家对中产阶级的责任的解除。这也是社会政策向财税政策的蜕变，这种转变的首要目的是消除通货膨胀、控制公共支出以及减少国家财政赤字。税法工具基本上有两个：税收支出（第 1 小节）和负所得税（第 2 小节）。负所得税表明了社会保障制度改革的愿景。

1. 税收支出

税收支出这一措施是针对所有领域的：法国《税收总法典》通过减免税的方法鼓励种类多样的经济活动和行为。有不少财政制度安排采取了例外条款，对不幸遭受社会风险的人给予政策倾斜。这些遭受风险打击的人的实际情况反映两种制度效果的结合：一是由于津贴和强制性社会保障制度而产生社会转移支付；二是税务上的有利条件，这里包括税务理事会（Conseil des Impôts）自 1979 年所提出的“税收支出”。如果相关立法和法规的实施会导致国家收入的损失，同时对纳税人来说，相比一般情况下法国税法的规定，它可以缓解税收负担，那么都可以被称为财税经费的保障措施。[③]

在法国，大家比较熟知的关于收入所得税的减缓政策是“家庭纳税”

---

① Aynes L. Malheur et prejudice. Journ. Fr. Psychiatrie，2002：5.

② Weyers H. L. Unfallschäden Praxis und Ziele von Haftpflicht und Vorsorgesystemen. Frankfurt a. M. Verlag，1971：401.

③ 1981 年附属财政法《路径和手段》分卷明确指出：“一般而言：应用于大部分纳税人的制度安排可以被认为是一般税法标准（比如 20%的工资所得税减免）。相反地，针对特殊类别纳税人或特殊计划则是财税经费。”

(Quotient familial)制度，它由法国《税收总法典》第194条界定。① 家庭纳税商的定义是可征税收入除以家庭指数的商，这一数值是根据家庭状况和要抚养的人口数等因素确定。它有助于减缓税收按照收入的累进性，也是当前②家庭公共政策的基本要素之一。③

实施减少税收的制度与就业政策和促进企业补充医疗互助制度相结合共同发挥保障作用。通过税收措施鼓励那些无学历人口的就业，致力于减少对低工作收入的税负，如降低最低边界税率、落实减免税收，城市免税区享受税收减免政策。④

税收减免政策标志着国家引导纳税人行为的意志。减税有时被称为税收抵免(Crédit d'impôt，有时也译为税收补贴)，因此常导致混淆。这一制度可以使得家庭或企业在一些特定方面的费用支出享受到税收部分减免。如果税收抵免额度高于应收税额，超过部分需补贴给家庭或企业。税收抵免或称税收补贴是纳税人对税收管理机关行使的债权。

税收补贴政策在法国税法中存在已久，而且涉及多个方面。我们可以列举的抵税项目有购买大型设备（与主要住所的施工或装修有关）以及墙面保护层和表面维护等。税收减免也同样被用来鼓励私人部门承担社会风险的责任。⑤

2. 负所得税

负所得税由经济学家米尔顿·弗里德曼（Milton Friedman）在他的《资

---

① 关于家庭收支商税收减少制度的近期主要发展见：家庭收支商税收优惠封顶线的降低. 律师意见周刊，2014 (3)：36.

② Bichot J. Le quotient familial et la notion de foyer fiscal vont-ils disparaître? RDSS，2014：332.

③ Maurin L. Comment prendre en compte le coût de l'enfant? Et au bénéfice de quelles familles. Info. soc. CNAF，2007：88.

④ Barilari A. Les aspects fiscaux du développement local：le bon emploi des zones franches urbaines. RFFP，2010：81.

⑤ Caniard E. Le crédit d'impôt，outil d'organisation de la protection sociale complémentaire. Dr. Soc，2003：518.

本主义与自由》[1] 一书中构想，并被詹姆士·托宾（James Tobin）等新凯恩斯主义经济学家所接受。负所得税（税收补贴）的定义是：税收的征收和公共权力机关提供的公共服务津贴由税收制度统一为一个整体。在对收入征收唯一的税赋条件下，最穷的人接受津贴，而最富的人缴付税款，除此以外没有其他再分配。这一制度安排可以简化社会再分配制度，做法是将人群按照收入进行类别划分，向目标人群进行收入转移。

负所得税取代国家对经济条件较差的、处于贫困线以下的家庭各种补助，或对失业者通过年度支付并结合收入计算应得的补贴，以税的形式对他们进行帮助。在实践操作上，那些进入负所得税适用领域的人群也就是收入没有达到最低保证的人。他们需要进行自有可支配财产资源申报。申报后国家确定其在已有收入基础上的津贴数额，使其达到法定最低收入标准。

20 世纪 70 年代负所得税（税收补贴）在美国付诸实施，2001 年 5 月 30 日法国第 2001-458 号法律第一次通过引入就业奖金实施负所得税。[2] 为了帮助那些没有一技之长或无学历的人摆脱"失业陷阱"（即一个失业或无经济活动的自然人缺少就业的经济驱动力，因为就业的收入只是高出一点，或低于他保持失业而得到的转移支付收入）。负所得税就是为"使工作具有吸引力"而设计的。

五、风险储备金

风险储备金可以是个人的储蓄（第 1 小节），也可以是集体风险储备金，即风险在一个机构内的若干个体间进行分配，这也是保险或互助保险组织的操作方式（第 2 小节）。当然，企业中也可以设立相关制度（第 3 小节）。

---

① Friedan M. Capitalism and Freedom. Univ. of Chicago Press，1962. 最早的实践参见：Pechman J. A.，Tempane P. M. Work Incentives and Income Guarantees：The New Jersey Negative Income Tax Experimen. Brookings Institution，1975.

② 2001 年 5 月 31 日《法国官报》（JORF）第 8639 页；Bavay F. De la nature du crédit d'impôt et de son corollaire，la prime à l'emploi. Movements，2/2001：123；Périvier H. La prime pour l'emploi：pour qui，pourquoi? Dr. Soc.，2005：1160.

1. 个人风险储备金：储蓄

储蓄实际上就是放弃当期消费，以满足将来某一时刻的消费需要。个人或由个人组成的群体可以累积储备金，以作为未来风险发生时的保障。

储蓄作为一种保障形式具有若干明显优点。人们可以自由选择储蓄或不储蓄，全凭意愿，且具有积极的道德内涵。这种个人储备金的形式只依赖时间的推移而发生作用，并不具有"风险逆选择性"，而且理论上任何个人都可以进行储蓄。

同样，它作为风险保障措施也具有明显的缺点：不富裕的家庭或人口因为收入基本上用于当期消费而无法储蓄，或储蓄额无法抵抗可能遇到的社会风险。这一手段作为对抗社会风险因此只能针对比较富裕的人口。此外，储蓄对抗风险也依赖于货币的稳定性：通货膨胀也可以使得储蓄的努力变得徒劳。而且，储蓄无法实现风险分散，也就是个人依然独自面对不幸事件的打击。总之，个人储备金保障形式包含较高的交易成本，基本上不能普遍采用。除非当它成为强制性措施，或者配合较大的税收优惠措施（而此时制度成本转移为公共财政的负担）。

公共储蓄基金或储蓄合作基金[①]历来都接受小额存款，这些小额存款使得无数人以零星储蓄构成基金共同面对收益损失的风险。当今，为了预防社会风险，储蓄作为生产性投资和收入的补充仍然受到鼓励。关于"保障退休的长期储蓄计划"的争论主要集中并强调退休基金作为投资驱动力投放在资本市场的重要性。

2. 集体风险共担

集体风险共担可以有两种形式：保险和互助组织。作为保障措施，两者的共同特性和原则在19世纪产生之时已经得以见证，即风险责任在群体内成

① Christen Lécuyer C. Histoire sociale et culturelle des Caisses d'épargne en France 1818-1881, Economica, 2004.

员之间扩散（或称为风险的共担）。[①] 风险事件发生的可能性概率的计算（即保险精算）构成集体风险储备的关键工具。[②]

集体风险共担的保障形式相对于储蓄具有很大进步性。两者的主要区别在于，储蓄是同一个体的风险在不同时间上的转移（当期消费和延期消费），而保险则是在不同境况（好的或较差的）的主体之间分担。保险是基于群体概念，因此也构成了社会团结的雏形，即风险分担（risk pooling），或风险社会化（风险集中）。[③] 风险的扩散使得个人无需将自己可观的收入进行储蓄以预防不测。保险的互济性使不确定性的风险事件发生所导致的高代价转换为确定的成本较低的保险费或分摊金支出，从而在风险事件发生时有所保障。[④]

除了以上共同点，保险和互助组织有一个重要区别，就是他们运营理念不同。保险式的互助行为具有商业目的，它是以营利为目标的。而互助组织则是从个人顾虑出发应付自身风险。它是一种“自发组织”，没有营利目的。

（1）保险

保险可以定义为“一种交易，交易一方为被保险人，承诺以缴付保险费为代价换取当风险事件发生时由保险人对自己或第三方提供经济上的津贴。而交易的另一方是保险人，它将负责承担整个风险，并按照统计学法则计算风险补偿。”[⑤] 保险人收取被保险人的保险费，在保证一定的盈利同时在被保险人中重新分配补偿金。通过保险，被保险人将其承担的风险负担通过缴纳保险费转移给保险人。保险费的标准按照数学上风险成本的期望值，再加上

---

① Marly P. G. Droit des assurances，Dalloz，2012：35.“保险人以互助的形式组织大数量面临同样风险的被保险人，收缴保险费，并对那些不幸遭受损失的被保险人提供补偿”。

② Gibqud B. Les mutuelles et les compagnies d'assurance sur le chantier de la protection sociale 1850-1950. LSP-RIAC 1995：64.

③ 风险池是指由保险人将风险按照相似性分类重组，不同风险组互相没有联系，目的是按照大数法则进行统计分析。

④ 互助组织表现为那些为以下目的而设立的协会：保障互助会内部成员及其家庭在遭受疾病、伤害、残障时得到救助；保障他们老年退休金；订立个人或集体寿险、死亡险和事故险；承担丧葬费用并向死亡的成员直系亲属、鳏寡、孤儿进行救助。

⑤ Cornu G. Vocabulaire Juridique. UPF，2007：75.

行政管理费用和保险人的收益计算得出。保险是很有好处的，尤其是当风险事件一旦发生其产生的代价高，同时发生的可能性又较低的情况下。保险的重要特点是向被保险人的索价（即保险费）和他自身风险的重大性，或他所处的团体风险的重大程度是直接联系的。[①] 因此，尽管风险共担是保险的原则，保险费支出和补贴水平也密切相关。这个“对等原则”要求缴费越高，补贴水平越高。如果被保险人希望获得较高的补偿标准就需要缴费更多一些。

保险作为解决社会风险问题的手段，存在很多优势。首先，司法文书的运用——保险合同——突出了这一措施的意愿性。个人自愿决定参与投保，选择保险人（或称保险公司），以及确定他所希望的收益保障面。若风险事件发生，保险补偿标准按照保险合同约束的范围进行损失补偿。保险只由被保险人支付的保险费融资，一般不享受国家补助。

虽然保险作为社会风险的保障措施广泛存在，它还表现出两个重要方面的不足。只有当一种风险还没有发生而且它的发生是偶然的，它才能被保险。[②] 首先，保险的设计本身以及风险的概念实际上将已经发生的事件排除在保障之外。其次，保险合同的基础在于被保事件的随机性，不具备偶然性不能被保险。“保险人和被保险人都不知道不幸事件是否会发生”，[③] 大数法则要求，被保险人的风险必须是相互独立的。如果被保险的不幸事件同时大量发生，保险人将无法按照数学期望值处理这些风险。换句话说，频率高和规模大的风险很难得到保险，因为保险人此时会对“风险进行选择”。[④] 风险选择还可以表现为，当一个人所处的情况不具备风险事件的偶然性时被排除被保险人范围之外，或者因为高额保险费，那些不太富裕的人口无法通过保险的形式规避风险。

一个被保险人签订保险合同需要满足三个基本要素条件：流动资金、合

---

① 每个成员缴纳的保险费也表现了确定的支出和不确定代价的等量关系。

②③ 参考 1964 年民法 1104 等条款关于“不确定”事件的描述。

④ Fromenteau M. Sélection des risques：où en est-on? Trib. Santé，2/2011：63.

理的保险费标准以及不确定性事件。即在维持基本生活需要（如基本的营养饮食）这一确定支出之外，他必须具有足够资金支付相应的与不确定事件（比如疾病）相关的保险费。因此，逻辑上最穷的人无法参与保险。为了解决低收入人口保险问题，人们设计了微型金融贷款（Micro-finance）和微型保险（Micro-assurance）的机制，它们常常两者配合发挥作用。[①]

（2）互助会

互助会和保险在以下几个方面不同：首先，通过互助保险会的形式团体实行自保，并无第三方组织者介入。其次，救助机构没有商业性质，不追求利润。[②] 互助保险协会毕竟是由个人组成的协会组织。最后，互助基本上以“收入—风险”对应为原则，即在分摊费（以收入、工资等为基础计算）和风险规模之间没有直接联系。

互助会形式的好处是，它是自愿参加的。[③] 它一般也没有保险费用高，因为互助会没有保险公司的利润。它至少从起源上，是通过职业来整合的。

这种形式同时也存在弱点。互助会的成员组具有同质性，也就是说他们面临同样的、相似的或相互关联的风险，因此也具有逆选择性。而且，这种保障形式也不太适应那些大规模存在的家庭费用风险，或者那些费用负担沉重的风险，比如失业和老年保障。

互助保险协会在个人保险领域无处不在，构成了法国社会保障制度的重要特征。

3. 企业风险储备金

企业风险保障的形式产生于 19 世纪。大约在 19 世纪中期继各种行业同

---

① Labie M. Microfinance et micro-assurance santé：réflexions sur des articulations possibles à partir de quelques expériences au Bénin et au Burkina Faso. Mondes en Développement，2007：57.

② Saint Jours Y.，Dreyfus M.，Durand D. La mutualité. Histoire，droit，sociologie//Saint-Jours T. Traité de la Sécurité Sociale. LGDJ，t. 5，1990：153.

③ Dreyfus M.，Gibaud B. Gueslin A. Démocratie，solidarité et Mutualité，autour de la loi de 1898，Economica，1999：123. 没有人可以强制市民向一种保障制度缴费，和 20 世纪一样，19 世纪时期也是自由参加。

业协会、同业公会等组织后，企业风险保障开始跻身于如互助会等各种互助组织之中。这一雇主“扶助”措施①是效仿由勒普雷（Le Play）建立的“社会改革”学派（或称“社会经济”学派和“基督自由学派”）。雇主保障的思想不支持国家干涉，它认为在雇主和工人之间必然是不平等的。这一学说支持雇主在工厂管理中的权威，而与其对应的是雇主对于改善雇员的物质生产条件和精神健康的义务：雇主是其所有雇佣人员的保护者。

雇主保障的哲学思想使得雇主和工人之间的关系不限于简单的劳资关系。② 正如亨利·哈茨菲尔德（Henri Hatzfeld）③ 强调的，“由雇主创立的风险保障制度是作为人事政策而得以实施的，这关系到招聘劳工以及保证劳工的稳定性”。

雇主保障的发展因素有两个：其一是劳工招聘及其稳定性的顾虑，其二是对抗由工人自己建立的保障基金的发展。后者承担两种功能，主要是疾病互助保险功能，以及支持高等工人（有学历和资历的）罢工的抵抗基金功能。④

雇主扶助把一系列由企业主建立的机构重新组合，这些机构包括企业总务管理部门、工人住房部门、红利分配部门、工人事务部门等。还有其他以满足工人家庭的道德或知识需要⑤的机构，如幼儿园、见习学校、夜校等。

雇主扶助可以由企业直接向“企业之家基金”（Caisses-maisons）拨款的

---

① Castel R. Les métamorphoses de la question sociale. Chronique du salariat, Fayard, 2000. 这本书使用了“雇主使命”的概念。

② 根据地区纺织品工业家的说法，“除工资以外，雇主对他的工人有其他义务”。

③ Hatzfeld H. Du paupérisme à la Sécurité sociale, 1850-1940. Essai sur les origines de la Sécurité sociale en France. PU Nancy, 1989: 172.

④ Kotte S. Les industriels et la santé des ouvriers. L'exemple du Haut-Rhin dans la seconde moitié du xixe siècl. colloque sur l'histoire de la sécurité sociale, 1988: 263.

⑤ Pic P. Traité élémentaire de législation industrielle: Les lois ouvrières, Arthur Rousseau Press, 1923: 60; Noiriel G. Du "patronage" au "paternalisme": la restructuration des formes de domination de la main d'œuvre ouvrière dans l'industrie métallurgique française. Mouvement soc., 1988: 17.

形式表现，而不通过任何法人。[①] 或者企业建立退休基金（包括会计科目下设立特殊账户，或以协会的形式[②]成立退休基金）、企业设立管理的自治基金（雇员可以参与也可不参与），以及企业的互助保障基金。有时雇主也会在全国老年退休基金（Caisse Nationale de Retraite pour la Vieillesse）[③] 为所有员工开设一个储蓄账户。因此，由于雇主的扶助，雇员的储蓄得以充盈。

互助保障集体协商也在 1936 年颁布了有关集体合同[④]的法律之后开始发展。

第二节 针对特定人口的社会保障措施

保险和互助保障的发展标志社会保障事业取得了重大进步。然而，这些措施还是不足以保障所有人：相对于社会风险而言，工资通常显得微不足道。[⑤] 具有雇主资助性质的集体风险保障制度也只限于个别的企业，不能覆盖所有的社会风险。

在“社会团结学派”[⑥] 的推动下，这一覆盖上的空缺最终使得国家介入，国家建立现代保障形式，承担社会风险的保障责任。不过，国家介入的动机因时因地（国家）而异。相关的“法律建设”也在很大程度上受到政治经济

---

① Hamon M. Assistance et protection à Saint-Gobain aux xviie et xixe siècles. Colloque sur l l'histoire de la sécurité sociale. Assoc. pour l'histoire de la sécurité sociale，1978：91. Netter F.. Les retraites en France au cours de la période 1895-1945). Dr. Soc.，1965，448 & 514.

② Baudant A. La protection ouvrière à Pont-à-Mousson de 1918 à 1939. Ccolloque sur l'histoire de la sécurité sociale，1978：29.

③ 这个基金是在 1850 年创建的。

④ Pollet G.，Renard D. Genèses et usages de l'idée paritaire dans le système de protection sociale français，fin xixe milieu du xxe siècle. RF So. Pol.，1995：545.

⑤ Mitchell A. The function and the malfunction of mutual aid societies in nineteenth-century France//Barry J.，Jones C. Medicine an charity before the welfare state. London and New York，Routledge，1991：172.

⑥ 这一学说认为国家具有警察和监护人的双重角色。依照监护人的权力，国家应组织和促进旨在改善工人家庭的物质和精神条件的各项制度，参见 Paugam S. Retour sur la pensée solidariste. REGARDS，2008；Amiel O. Le solidarisme，une doctrine juridique et politique française de Léon Bourgeois à la Ve République. Parlement Rev. Hist. pol. 2009：149.

以及思想发展历史的影响，因此对于相似问题所采取的解决办法在不同国家不尽相同，公共权力介入的时刻也因国而异。

有些法律对已经存在的相关法律文书进行修改，从而保障实行特定的保障手段。由教堂管理或慈善公司管理的私人慈善和个体慈善得到公共社会救济的补充，这也是现代社会救助的雏形（第一部分）。而其他保障机制则瞄准一个全新的法律类别，尤其是企业雇员中的弱势群体：将一个从业人员从就业市场抛出，无疑使他不可避免地陷入窘境。特定社会保障措施的发展可以说是部分的与劳动法（第二部分）相生。

一、有利于贫困人口的法律措施

起初，国家由于中世纪慈善机构[①]的衰退零星地介入保障领域。世俗化（非宗教的）的社会救助和这一救助的集中化在旧制度末期开始出现，[②] 并在大革命期间得到民众确认和开展。在1793年6月12日的《人权和公民权利宣言》中，救助成为“社会负债”：“社会对那些不幸的公民维持基本生计具有救助义务，要么通过保证就业，要么通过保证被排斥在就业外的人的基本生存需要。”1793年《宪法》第122条也确认了“宪法保障所有法国人民拥有公共救助（的权利）”。

直到19世纪末期，法国才颁布了有关社会救助的第一批法律，从而深刻标志了社会保障现代法律架构的建立。[③] 这些法律表述贯彻了以下全新的原则：一是救助的辅从原则，另一原则规定受益人（被救助对象）由其最近的行政区域负责救助。

然而，那时的救助不是单纯以经济状况为基础给予的。法国19世纪末20世纪初的救助还是比较特殊的，只有那些病患的贫困人口、老人、无法医治

---

① 如1544年建立的“贫困人口扶助会”（Le Grand Bureau des Pauvres），1680年出现的“慈善扶助会”（Bureaux de Charité），之后的“皇家残疾扶助机构”（Etablissements Royaux des Invalides）。

② Renard D. L'assistance en France au xixe siècle：logiques de l'intervention publique. RIAC，1986：9.

③ Renard D. Intervention de l'État et genèse de la protection sociale en France（1880-1940）LSP 1995：13；Bec C. Les politiques d'assistance：de l'intégration *à* la relégation. Rev. IRES，1999（30）.

的、残疾人口[①]、儿童及母亲[②]才能得到公共救助。需求的状态只在法律列出的几个有限情况下才能得到考虑。

此外，以需求为基础的救助也在20世纪初开始萌芽。

私人部门的就业人员同样可以作为贫困者有权利享受国家救助。针对失业者的措施开始于20世纪初期，首先起始于某些支持工会失业基金的行政区域。[③] 1914年8月，为了使各地区的救助措施普及和一体化，劳工部组建了全国失业基金。[④] 这个基金在1918年（第一次世界大战结束）以后虽然依旧存在，但其干预力度明显减小了。直到1940年，丧失就业的救助补偿机制在全国范围内得到重组。[⑤]

对失业者的救助补偿和其他国家干预形式同时存在，当前也如此，国家干预有时倾向于救助，有时倾向于社会保险。但从传统意义上讲，法国社会保障不同措施之间并没有优先等级关系。

这种被称为“专业化原则”的救助方法被写在1946年《宪法》的前言中。社会救助只是针对那些“由于年龄、身体或精神状态原因而无法就业”的人。不工作的状态可以解释公共干预并提供社会救助补贴的理由。

发展到后来，公共集体干预的救助手段又得到补充，由于各种条件限制而无法进入就业市场，并无法独自满足基本生活需要的一些人群可以得到公共救助。

---

① 参见1893年7月15日法律关于免费医疗救助和1905年7月14日关于对老人、残疾人以及无法医治的贫困人口的义务救助的规定。

② 参见1913年6月17日和7月30日法律关于分娩期妇女救助，1889年7月24日、1904年6月27和28日法律，以及1906年12月18日关于儿童救助的法律规定。

③ Barthe M. - A. La dissociation des qualités de chômeur, de vagabond et d'indigent autour de leur rapport de travail (1885—1914). Rev. IRES, No. 18, p. 146.

④ Decouflé A. -C. Éléments d'introduction à une histoire des politiques du travail et de l'emploi. Travail et emploi, 1982 (1).

⑤ 参见1940年10月11日法律，并由1944年7月3日法令宣布有效，《法国官报》（JORF），1944年8月30日。

二、关于保障雇员的立法干预

自 19 世纪末，一些工业化国家[①]开始对某些社会风险增加立法干预，如工伤事故和职业病（参见第 1 小节）以及对家庭津贴（参见第 2 小节）。社会保险的创建使公共政策干预达到顶峰（参见第 3 小节）。

1. 工伤事故中的民事责任

大约 19 世纪末期，人们开始感受到民事责任的追究对于工伤事故保障远远不足。事实上，由于机器化大生产造成的事故逐年增加，而在司法实践中，很多诉讼企业雇主的案例都以失败告终。[②] 原因是在工作现场（作坊或工厂等）很少严格落实劳动条件和相关责任，[③] 尤其是雇主并不是直接参与损失事故。因此，事故受害人无法立即得到补偿、恢复或治疗，他也没有条件等待或投入一个结果未知的诉讼程序。事故受害人的这种境况逐渐被认为是“无法接受的”。[④]

面临物因事故免责（即雇主在因为物因而导致的工伤事故中不具举证责任）条款的压力，立法者经过长时间的讨论，终于在工伤保险的责任认定中迈出了重要一步。最高法院在 1896 年提凡尼（Tiffaine）判决中已将一起工伤事故责任认定为由物品引起的无过错责任，在 1898 年 4 月 9 日颁布的法律

---

① Zacher H. F.，Köhler P. -A.，Hesse P. J.. Un siècle de sécurité sociale 1881-1981. L'évolution en Allemagne，France，Grande-Bretagne，Autriche et Suisse.. Nantes CRHSS Press，1982.

② 1382 年民法条款规定，如果事故原因无法确定，则免除雇主在工伤事故中的责任。参见 1841 年 6 月 28 日民法 S. 1841-1-476. 也可参见 Hess P. J. La rénovation des concepts juridiques. Dr. Soc. 1990：708.

③ 参见 1870 年 2 月 4 日法院 D. 1870 Ⅱ 卷第 111 页；最高法院 1875 年 2 月 8 日上诉案件 D. 1875 Ⅰ 卷第 320 页；1895 年 8 月 7 日《工业法实践期刊》（Revue Pratique de Droit Industriel）第 413 页。

④ Jay R. La protection légale des travailleurs. Sirey press，1904：129. Rabinhach A. Social knowledge，social risk，and the politics of industrial accidents in Germany and France. //Rueschemeyer D.，Skocpol T. States：Social knowledge an the origins of modern social politics. Princeton University Press，1996：48.

中设计了折中办法。[①] 雇员工伤后被要求提供雇主过错证明是工伤受害者得到赔偿的主要障碍，因此这一条被废弃了。事故责任开始被认为是由企业造成的，职业风险是随企业的产生而自动产生的。[②] 与雇主责任的归责原则相对应，责任面有所缩小，主要是将以民法的整体损失为补偿原则变为定额损失补偿。此外，这一定额补偿机制排除了运用一般侵权责任求偿的可能。[③] 同样，正如菲利普·黑塞（Philippe-Jean Hesse）阐述的，新的法律基本上废弃了工伤事故中由于雇主过错而产生的刑事诉讼。[④]

1898 年 4 月 9 日颁布的法律和之后的法律文书扩大了工伤事故中雇主责任的应用范围。[⑤] 这些法律规范使得雇主自愿参与保障，以防备不测的财务风险。这种自愿性的参与后来发展为强制实施。保险人（即保险公司）自那时起开始替代雇主，成为工伤事故发生时受害人求助的对象。保险人也成为工伤事故受害人或他的权利人的直接债务人。[⑥] 而关于职业病法律创建则是在二十几年以后的 1919 年 10 月 25 日，[⑦] 这项法律只规定了两种职业病，即由铅及其组成物引起的职业病，和由汞及其组成物引起的职业病。从这项法律创立起，法国职业病的立法就建立在一系列包含各项确定职业病标准的职业病列表基础上，职业病也开始被定义为满足一定条件的疾病。相关法规虽然常

---

① 1898 年 4 月 9 日法律关于工人在工作中受到伤害的事故责任见《法国官报》（JORF），1898 年 4 月 10 日，第 2209 页。Le Gall Y. Histoire des accidents du travail. La préparation de la loi de 1898. BHSS，1982（10）：31；Le Gall Y. Revue semestrielle Centre de Recherche d'Histoire Economique et Sociale. 1982（1）：10.

② Saleilles. Les accidents du travail et la responsabilité civile. Dalloz press，1897.

③ Meyer F. La problématique de la réparation intégrale. Dr. soc，1990：718.

④ Hesse Ph. J. Les accidents du travail et l'évolution de la notion de responsabilité pénale au xixe siècle. Revue semestrielle Centre de Recherche d'Histoire Economique et Sociale，1980（8）：61.

⑤ 1898 年 4 月 9 日法律工业部门中的突发事故。很多相关法律文本在对适用范围不断扩大，从危险的工业部门，1906 年发展到商业部门，1912 年发展到矿工安全代表，1914 年的林业工人。除强制实施的法律，1909 年 7 月 18 日使得所有雇主凭自愿加入。直到 1938 年 7 月 1 日法律才将补偿范围扩大到所有签订劳动合同的个人。我们注意到，1899 年 6 月 30 日法律将所有农业部门排除在法律适用范围之外。

⑥ Pic P. Les assurances sociales en France et à l'étranger. F. Alcan press，1913：11.

⑦ 1919 年 10 月 25 日法律将 1898 年 4 月 9 日法律规定的工伤事故延伸到了职业病，参见《法国官报》（JORF），1919 年 10 月 27 日，第 11973 页。

常因发生的典型工伤事件而被修改,[①] 但还是构成今天职业病和工伤事故补偿的基本法律依据。

2. 从“工资外家庭补助”到“家庭津贴”

“工资外家庭补助”是由雇主发起的针对个别家庭负担较重的工人除工资以外的额外补贴,而“家庭津贴”则是由法律保障的相对长期的权益。从雇主提供的“工资外家庭补助”到真正意义的“家庭津贴”经历了质的飞跃,期间这一公共政策引发了很多相关的政治层面和道德层面的讨论。此外,人口学方面也提出了关于家庭在社会中的地位问题。针对一个社会问题展开持久性讨论是法国社会保障制度发展的一个重要特点。

让 巴普迪斯特·勒普雷(Jean-Baptiste LE PLAY)认为工资的一部分应当满足家庭需要,而不是简单的工作报酬。雇主具有提高工人家庭教化的愿望和责任,[②] 他希望留住有能力的雇员,因此雇主开始模仿一些部门,给当父亲的雇员(以下称户主)更好的工资条件。

20 世纪末,一些受天主教影响的慈善家给他们的雇员以现金或实物的形式发放家庭津贴或额外补助。这些个人的创举维持时间或长或短,而且与市场规则相抵触。有时,就连这些措施的发起者,由于意识到过高的劳工成本问题,开始减少津贴,并以对负有供养家庭义务的户主形成就业歧视而告终。[③]

1916—1918 年,若干企业开始实施家庭津贴互助保险,目的是为了规避雇员家庭负担不平等的风险,这是完成了一次重要的制度创新。[④] 直到 1918 年,家庭补助基金开始出现,并承担部分家庭负担,向所有工人拨付同样的

---

① Blic D. De la Fédération des mutilés du travail *à* la Fédération nationale des accidentés du travail et des handicapés Une longue mobilisation pour une “juste et légitime réparation” des accidents du travail et des maladies professionnelles. RFAS, 2008, 2 (3): 119.

② Chevaliers L. Classes laborieuses, classes dangereuses. Plon press, 1984.

③ Ceccaldi D. Histoire des prestations familiales en France. UNCAF press, 1957: 18.

④ Antonmarchi V. La famille et le Parlement de 1870 *à* 1914. Recherches et prévisions CNAF1996: 37.

津贴，尤其是在生育服务和儿童服务领域。[①]

直到1932年，国家才开始干预这一由私人部门发起的家庭津贴。逐渐地，虽然受到了一些工会的反对，家庭津贴还是作为国家鼓励生育率的措施得到发展。[②]

1932年3月11日颁布的法律规定，雇主必须加入一个家庭津贴基金组织。津贴成为雇员应享有的权利，即便因为工伤事故而没有工作也可以得到发放。雇主发起的家庭津贴基金继续存在并得到多样化发展，由总体原则和规定对家庭津贴的分配进行规范，如由权力部门对最低津贴和基金许可加以规范。国家又对加入基金组织的价格上涨以及反对参与强制家庭津贴计划加以干预，通过了两项法案：1938年11月2日颁布的法令提高最低津贴的标准，统一费率计算表，设立家庭主妇的津贴，这项法案同时废除了未经授权的基金组织；1938年5月31日和6月14日颁布的法令将家庭津贴的受益范围扩大至农业劳动者和乡村手工业者，自此，家庭津贴不再只针对企业雇员。

1939年7月29日颁布的《家庭法》[③] 不仅提高了补贴的额度，特别是将家庭津贴制度统一化和平等化。所有经济活动人口都有权利享受家庭津贴，尤其需要指出的是还有自由职业者。家庭津贴也因此不再具有“工资以外”额外补助的概念。

维希政府时期（Regime de Vichy，1940—1944年）最终决定由于非劳动者意愿而导致工作关系中断的情况下，在关系终止时发放一次家庭津贴，也就是以前的工作经历构成向户主发放津贴的条件。1940—1945年还创建了单职工（或单工资）家庭津贴[④]以及家庭津贴监管制度[⑤]。法国当时的社会制度

① Hochard J. Les origines françaises des allocations familiales avant 1920. Colloque sur l'histoire de la sécurité sociale，Assoc. pour l'histoire de la sécurité sociale，1984：101.

② Hatzfeld H. Du paupérisme à la sécurité sociale，Essai sur les origines de la Sécurité Sociale en France. 1850-1940. Armand Colin press，1971：172.

③ 参考1939年7月29日法令中有关家庭和法国生育率的内容。

④ 参考1941年3月29日法律和1943年7月6日法律。

⑤ 相关法规于1944年10月17日生效。

和家庭事务组织协会相关规定构成了家庭社会保障的内容。①

3. 社会保险的出现

19 世纪末期，德国最先实施社会保险制度。② 20 世纪初开始，英国在德国社会保险实践的启发下开始发展“全国保险”。③ 法国社会保险相关法律也参考德国的经验，与法国过去在 19 世纪末和 20 世纪初建立在公共救助基础上的保障体系完全不同。④ 社会保险第一次被称为“社会保障”是在美国，它是作为对 1929 年经济危机的回应而提出的。在法国，对雇员专有的社会保障的创建一般认为是比较晚的。⑤

直到 20 世纪 20 年代，社会保险的理念都一直遭到保守派、自由经济主义者、医生、农业者、手工业者、商人还有工人运动的改革派等的强烈反对。这种情况也解释了为何公共救助的立法先于社会保险。公共救助的立法发展于 1893—1913 年，具有相当的协调性，救助对象是工人和农民等规律性从业人口。目的是用特定的法律覆盖特定的风险，如疾病、年老和家庭。⑥ 失业风险则由行政区（社区）和工会组织负责，⑦ 而国家则通过全国失业基金进行补贴。⑧

法国社会保险和互助保险的立法付诸实施时，已经存在一个以风险类别

---

① Capuano C. Vichy et la famille. Réalités et faux-semblant d'une politique publique. PU Rennes press，2009.

② H. -F. Zacher，P. -J. Hesse. Un siècle de sécurité sociale 1881-1981.

③ 有关社会保险前期经验对英国“全国保险”的影响，参考：Rueschmeyer D.，Van Rossem R. The Verein für Sozialpolitik and the Fabian society. À study in the sociology of policy-relevant knowledge//Rueschmeyer Dr.，Skocpol T. States；social knowledge an the origins of modern social politics. Princeton university press，1996：118.

④ 互助主义和雇主保障基金运动的领导人，他用体现当时时代特点的语言这样总结法国 20 世纪初的政策选择：“（关于解决社会问题的方式）德国的权威模式是以国家社会主义为基础，拉丁国家的自由模式是以帮扶互助和自由为基础的。” Cheysson E. Premier congrès international des accidents du travail，1889：352.

⑤ Renard D. Assistance et assurance dans la constitution du système de protection sociale française. Genèses，1995：30.

⑥ Lygrisse J. Les balbutiements de la sécurité sociale de 1870 *à* 1918. BHSS，1980：21.

⑦ 参见 1984 年 3 月 21 日和 1904 年 3 月 14 日颁布的法律。

⑧ 参见 1905 年 4 月 22 日颁布的法律，第 55 条；1905 年 12 月 9 日法令；1914 年 11 月 24 日颁布的法令。

为基础的社会保障。关于公共救助和社会保险立法的陈述展开了很多的讨论，也标志着人们开始以法律的手段解决社会问题。此外，在整个19世纪已经存在很多退休制度，这些退休制度的目的是稳定雇员并使雇员依附于所从事的职业和就业：军队从业人员和国家公务人员首先开始实行退休制度（1831年4月11日、18日颁布的法律，以及1853年6月9日颁布的法律），然后是矿工退休制度（1894年6月29日颁布的法律）和铁路职工退休制度（1909年7月21日颁布的法律）都分别规定了各自特殊的退休制度。[①]

1910年4月5日颁布的关于工人和农民退休的法律并不是一个简单的社会保障法典。这项法律实际上瞄准所有雇员、个体户、自由职业者和农业从业者、手工业者、小企业雇主以及地方行政区域公务员。

与德国工人保险制度差异很大，法国的这项保险制度运行存在很多问题，比如法律条款没有对雇员和雇主的缴费进行强制约束。另外，很多退休计划都进行了重组。退休保障的行业性因此得到了加强。即在法国，用以应对养老风险的制度是多个退休计划模块构成的。此外，国家公务员还被社会保险计划所覆盖，在1924年4月14日和1928年3月21日通过了相关法律，由承担公务员健康互助保障机构提供相关服务。

在这样的背景下，关于社会保险的法律计划在1921年年初开始提出。这一法律提案直到1928年4月5日才颁布，涵盖雇员的疾病、生育、死亡、残疾和养老保险。关于这项法律实施，有不少反对意见，立法者不得不修改原法律文本。

正是因为这些反对和批评意见，1930年4月30日颁布的法律着手进行行政方面的简化。[②] 对雇主做出了一些让步，即降低雇主缴费率，提高国家资助

① Tauran T. Les régimes spéciaux de Sécurité sociale，une très longue histoire. BHSS 2005-2006,：568；Kessler F. Origine，évolution et avenir du code des pensions civiles et militaires des agents de l'État. Ann. Faculté dr. Strasbourg 1998：167.

② Catrice-Lorey A. L'État social en France：genèse et évolution d'un modèle institutionnel (1920—1996). Comité d'histoire de la sécurité sociale. Un siècle de protection sociale en Europe，CNH-SS，2001：59.

水平。也对农业劳动者给予了特殊考虑，允许他们保持自己特定的组织（农业社会互助组织），并且他们的缴费率很低。医生维持患者直接支付酬劳的结算方式。[①] 互助保险组织只对各自覆盖的组织和成员提供特殊保障基金。1928年成立的政府地区性保险基金（Caisses départementales）作为官方社会保险组织机构，一定程度上失去了一些特权，他们不再作为“接漏”基金，即不再对那些没有被其他社会保险制度覆盖的个人进行保险。尽管事实上，1931年政府地区性保险基金仍然覆盖了八分之五的保险人。[②]

20 世纪 30 年代法国的社会保险制度不同于它的邻国德国和英国。[③] 首先是这一保险制度不作风险类别区分，即一个保险费保障若干风险。法国当时的保险制度不保工伤事故险，也不保家庭津贴。同样也像英国原来的制度一样，不包括失业保险。此外，一些部门的劳工还保留他们各自的特殊保险制度，尤其是养老保险。

此外，那时法国的社会保险制度还有如下特点：被保险人可以选择加入哪个保险基金，被保险人同时也需要承担部分费用。这种做法可以使得个人承担部分对未来风险的预防责任，所以，在法国，社会保险制度历来都没有承担全部费用责任。

然而，法国与德国的社会保险制度也具有一些明显的相似性，1930 年4 月30 日的法律规定了一个最高限值，在工资收入低于这个限值时必须参加社会保险。[④] 超过这个限值，雇员可以自愿参加社会保险制度。

1930 年颁布的法律也准予多个组织共同参与管理社会保险。法律也规定了由利益相关者自主管理的基本原则，尽管该原则在具体实施时会根据保险类型再做具体调整。

像德国一样，法国的社会保险费由雇员和雇主共同缴纳。1930 年颁布的

---

① Hatzfeld H. Le grand tournant de la médecine libérale. Editions Ouvrières，1963：40.

② Laroque P. Traité des assurances sociales. Librairie Juris-Classeurs press，1933：13-15.

③ Gueslin A. L'invention du modèle français de sécurité sociale. BHSS，1997：10.

④ 这个收入最高限值根据被保险人的居住地不同而不同，也根据要抚养孩子的数量而异。

法律开始对被保险人进行医疗费用补贴，其中特别包括了由和社会保险组织签约的医生所做的治疗。值得注意的是，养老金发放是建立在养老金资本化基础上的。在等待必需数量的集资以进行资本化运作的过程中，作为临时性措施，每个参加养老保险的被保险人都可以通过再分配获得最低养老金。

第三节　建立覆盖全民的社会保障

“社会保障”这一良方很快又有了进一步的突破。1938 年和 1939 年，新西兰首先实现了由国家主导制度的受益人群扩大至所有人口，并覆盖多种主要社会风险。这一情况也反映了对国家在社会领域中责任的重新认识，所谓的“福利国家”背后是国家对全体公民的福利负有绝对责任。第二次世界大战期间，国家的这一全新的角色在英国著名的《贝弗里奇报告》中得到认可。

法国 1945 年的“社会保障计划”也进行了类似的尝试：由国家主导建立并实施严密的社会保障制度以对抗社会风险。我们注意到，这一社会保障的主导思想和实现途径是建立在扩大化的社会团结理念之上的，“团体”（communauté solidaire）观念在全国范围内得到贯彻，使全体公民团结起来。在国际社会层面上，这一观念也得到了反映。1944 年国际劳工大会的《费城宣言》中插入了一个特殊条款，承认了国际劳工组织将落实并实现“将社会保障措施覆盖范围扩大，以保障所有人口的基本收入，以及所需要的医疗服务”[①] 这一庄严义务。

第二次世界大战时期的全国抵抗运动委员会[②]表达并起草了“旨在保障全体公民在任何情况下都能获得，但无法自动从工作中获得的必要途径来保障基本生活”。他们也表达了“保障全体劳动者，从雇员开始，保障真正安全的未来”的意愿。他们的努力也导致法国立法者后来的社会保障改革。

---

① 第 26 届国际劳工大会. 国际劳动期刊. 1944，7（1）：1.

② 全国抵抗委员会是针对第二次世界大战时期法国傀儡政府——维希政府的反对组织。参考 Valat B. Résistance et sécurité sociale 1941—1944. BHSS，1996：3.

法国社会保障计划不止由一个文件构成，也不是按照《贝弗里奇报告》的模式建立。要深入了解这项计划的内容，除必须了解 1945 年 10 月 4 日颁布的法令之外，还要了解没有被官报（Journal Officiel）[①] 发表的相关法律出台的背景和动机、代表抵抗运动的临时议会（Asemblée Consultative provisoire）的相关讨论[②]、法国现代社会保障制度奠基人 Pierre-Laroque 的相关论述[③]，以及社会保障制度的基本法律条款内容。[④]

从这些相关论述中我们注意到以下几点：1945 年 10 月 4 日颁布的法令的立法理由中写道，“社会保障计划的最终目的是提供给法国全部人口针对不安全的因素的保障。这样的目标必定是经过长期的坚持和努力才能达到，但我们有必要也有可能从今天开始做起，组织制度框架并在这个框架下逐渐开展这项计划……同一个管理组织，同一个缴费费率等原则是我们的基本思路”。[⑤] 正如立法理由中提及的，改革分不同时段进行。事实上，社会保障计划在战后政治形势和困难的社会保险财政情况下，是一个很现实的使命。[⑥] 它围绕以下几个主要思想进行组织实施：

第一个原则是分期普及社会保障覆盖。首先要将雇员和自雇形式的“工作人口”纳入目标范围，而暂不考虑农业部门和其他享受特殊保障制度的雇员。

这项计划首先考虑的是可行的社会保险结构，它在将来可以实现制度的初始目标。1945 年的法令提倡了制度的一体性，每一个行政区域应当有一个独一无二的基金管理机构负责所涉及的风险进行整体管理，这些风险包括生

---

① 转载自 1982 年 3 月版《通告》（Prévenir）第 121 页。

② 参考《社会保障：通过法律文本看历史（1945—1981）》，《CNHSS》1988 年第Ⅲ卷，第 12 页。

③ Laroque P. Le plan français de sécurité sociale. RFT，1946：9.

④ 参见 1945 年 10 月 4 日第 45-2250 号法令规定了社会保障组织结构；1946 年 10 月 24 日法律关于社会保障诉讼；1946 年 10 月 30 日关于工伤事故。

⑤ 社会保障组织管理征求意见. ACP，1945-07-05.

⑥ Laroque P. La sécurité sociale de 1944 à 1951. RFAS，1971：11.

育、残疾、老年、死亡、事故和职业病等。而全国性的基金会则负责协调职能，应该体现缴费者和受益人的整体团结。改革首先是行政组织的改革，这一计划是将现有的保障体系重新统筹安排，与其说这是一个从无到有的制度创新，不如说它让制度整齐划一。1930 年建立的体制多元性和基金管理机构的多元性应该被一个单独的管理组织所替代。[①] 社会保障财政管理的唯一性也是保障运行效率和控制成本的必要条件。“当多个基金管理机构和不同性质的组织共同存在的条件下，不可能实现社会保障组织的良好运行”。[②] 社会保障的唯一性应当表现不同社会职业阶层的团结性。

第二个原则是为保障受益人的安全，应该“把制度的管理权限交给受益人自己管理”。[③] 建立在社会民主思想的基础上，法国社会保障计划不采取像英国一样的由国家全权管理。法国的这种自主管理的形式由以下两点构成基础：第一，不同行业利益的表达有益于公共利益。第二，社会保障的融资只能靠受益人的缴费。按照皮埃尔·拉罗克（Pierre Laroque）的观点，“我们不打算依赖财政预算，而是要求社会保障利益相关者和企业共同努力来实现社会保障”。[④] 然而，社会保障仍是一种公共服务。因此，关于监管创立的描述是“法国社会保障计划中应严格控制国家干预，它的角色被限定为技术和财务的监管”。[⑤]

这项社会保障计划不采取《贝弗里奇报告》中阐述的几个基本要点，即单一缴费、单一津贴标准以及实施国民健康服务。皮埃尔·拉罗克（Pierre Laroque）强调，“我们相信（在这一点上）社会保障的实质体现在美国模式中，因为如果津贴标准不和损失的收入挂钩，就不存在真正的安全保障。然而，我们也需要为津贴设定封顶线。事实上，在收入超过一定数额时，被保

---

① 在法国社会保障制度的构想中，公共权力反映社会保障的公共服务，而应将管理权力委托给雇主和强制被保险人。

②④ Laroque P. Le plan français de sécurité sociale. RFT 1946：9.

③ Laroque P. Quarante ans de sécurité sociale. RFAS，1985：7.

⑤ Croizat A. La réalisation du plan de sécurité sociale，1946：387。

障人自己应该自由选择补充保险形式……这样的制度安排就给非强制的补充保险机构留有较大的发展空间，特别是那些互助保险机构”。因此，社会保险在操作上不仅实行缴费封顶，还实行津贴封顶。①

同样，“考虑到法国人关于劳动者和医疗体系的心理感受，看来也不可能像英国一样实行国民健康服务，即对全体国民实行免费医疗服务的制度安排。法国社会保障立法允许自由的医疗组织继续存在。社会保障组织的干预只是在保障医疗条件不变的情况下，为了覆盖所产生的医疗费用”。

最后，政府虽然多次强调了有必要建立新的经济结构以保障充分就业，但却没有建立失业保险。失业是法国社会保障计划的次要方面。在这一点上看，它继承了强烈反对失业保险的理论学说。按照这一学说，失业保险是失业的根源。②

这项计划并没有像预先考虑的那样开展。1946 年 4 月 19 日、5 月 22 日、9 月 13 日以及 8 月 22 日颁布的法律实施的情况也证明了这一点。第一项法律确认了普及的原则，第二项和第三项法律条文决定将养老保险延伸到全体经济活动人口。1946 年 8 月的法律则规定基本上普及一般保障制度中的家庭津贴制度。然而，这些法律条文却没有真正得到贯彻。

随后在 1948 年 1 月 17 日颁布的法律创建了自雇工作者养老保险自治基金管理机构，意味着原计划的单一基金原则宣告终结。同样，立法者还希望把那些不属于社会保障计划涵盖的人口类别也纳入一般保障制度体系，比如非经济活动人口（如老年农业人口）的家庭津贴，然而却没有相应的财政来源来保障他们的津贴。因此，经济条件的限制，政治妥协以及一些社会职业阶层的抵抗使得保障计划的最初愿景没有快速实现。本应促使社会保障普及化的国民收入再分配，也因为保障计划无法普及而仅限于简单的工商业部门的工资再分配。

---

① Dupeyroux J. 1945-1995：quelle solidarité?. Dr. soc，1995：713.

② Rueff J. L'assurance-chômage，cause du chômage permanent. Rev. éco. Pol.，1931：211.

第三章

法国社会保障综述

从本质上讲，所有的社会保障制度都是用以防范社会风险的各种措施手段的组合。①

本章着重介绍法国社会保障制度概述。② 需要注意的是，社会团结工具的选择总是反映国家、雇主、劳动者以及一般社会公民所承担的社会责任的折中。在一些情况下，风险共担的保障形式优先，而另一些情况下更偏重提供公共服务。

按照社会职业分类展开的社会保险制度是法国社会保障制度的特点。缺乏统一性，即没有一个针对全体人口的单一的综合的制度——所谓“普通社会保障制度”，导致法国社会保障制度的复杂性。社会保障的普及需通过多样化实现。直到今天，“社会保障的组织”③ 仍体现为各类制度组合。

第一节　农业社会保障：另类社会保障形式

农业保障制度的特点必须要通过其历史来了解。它起源于农业互助会（Mutualité Sociale Agricole，MSA）。

---

① Coheur A.，Jacquier C.，Schmitt-Diabaté V.，Schremmer J. Articulations entre les régimes légaux de sécurité sociale et les mécanismes de protection sociale à base communautaire：une nouvelle approche prometteuse. AISS，2008.

② 每个福利国家都有一个历史：混乱、被扰乱、充满冲突、强调跃进和向后迂回、伴随着相互矛盾的驱动力。

③ 《社会保障法典》第 L. 111-1 和 R. 111-1 款。

一、农业互助会历史

农业社会保障最初于19世纪末20世纪初以自发的形式产生。

脱胎于农业工会运动，农业互助会章程由1900年7月4日通过法律确立，该章程允许农业社会互助组织以工会（按照1884年3月31日颁布的法律规定①）的形式存在。这些互助组织的功能具有多重性：包括意外事故险、牲畜险、火灾险、信用险，以及包括疾病和养老退休险在内的预防性险。② 1922年12月15日颁布的法律第11条规定允许在1900年颁布的法律框架下成立基金以覆盖死亡或丧失劳动能力风险。这是1898年工伤保险规定在农业领域的延伸。③

各种农业互助组织④的统一以及与企业雇佣劳动者⑤的社会保障制度完全分离是维希政权时期产生的：农业互助会受农业部领导和监督，作为专业管理农业人口社会风险的机构得到官方认可。后来，这个主管农业社会保障的组织职能又在1945年10月4日颁布的法律条文⑥中第17条得到确认。1960年5月12日颁布的法律条文完成了将农业社会互助组织归于农业部监管，1961年1月27日颁布的法律则确立了该组织在农业社会保障中的支柱作用。

这个组织的任务和地位一直都没有改变。⑦

二、农业社会互助组织——一种独特的社保制度

农业社会互助组织的独特性包括：

---

① 1900年7月4日法律，关于1919—1981年农业互助会规定见《跨越文本的社会保障》（第四卷），1991年第4页。

② 中央火灾险基金建于1906年，牲畜险基金建于1907年，全国火灾和牲畜基金建于1912年，中央冰雹险基金和全国冰雹险基金建于1923年，中央事故险基金建于1924年。

③ Bouffet J. De l'extension du risque professionnel *à* l'agriculture. Étude et commentaire de la loi du 15 décembre 1922. Edoneur et Ruesch press，1924.

④ 参考1940年12月2日通过的法律，关于农业同业公会组织的相关条款，1941年6月28日法令。

⑤ 参考1941年4月5日法律条款，该法律规定农业社会制度只受农业部监管，并取消各个农业社会基本保险基金。

⑥ 1945年成立了农业互助组织中央基金会，职能是协调农业互助组织不同保障项目。

⑦ Bonneau J. R. La mutualité sociale agricole：vestige ou nécessité? RFAS，1980：171.

1. 它同时覆盖农业相关雇佣劳动者、个体农业劳动者和小农劳动者[①]

但是，法国审计法院认为“企业雇员和农业社会互助保障的衔接问题也不能回避。这些规定运行透明性不高，因此在雇主法律状况发生改变时，特别容易引起参保人社保归属的变更。由于历史的原因，这些规则还包含了与农业职业相去甚远的其他职业企业雇员。”

2. MSA 基金为职业综合基金（“单一窗口”）

与其他社会保障组织不同，MSA 基金为所有参保人员提供整体服务，这也构成了它的独特性。它的运作是将收缴的保险费统一存入基金，再从基金中支付参保人一生中的各类保障津贴或服务（健康保障，家庭保障[②]，养老，工伤，生育）。MSA 基金也通过采取各种社会公共卫生行动，负责管理工伤和职业病预防。

3. 制度具有民主性和分散性

所有保障参与者分成三个不同群体，确立一个综合代表大会（Assemblée générale），并确定基金的行政管理参议顾问（les conseils d'administration gestionnaires des caisses）负责批准基金的账户管理。事实上，《社会保障法典》承认一个全国性基金（CCMSA）和若干地区性或跨地区基金。金字塔的组织结构的原则是通过全国性基金和地区性的互助基金分别在国家层面和地区层面上协调社会保障制度。

2002 年以来，农业互助保障制度不仅包括基本的保障制度，还对不属于雇员的农业人口的退休实行强制补充保障。农业雇员享受保障津贴并向制度

---

① 非工业企业雇佣劳动者受保人的定义也很宽泛（《农业法典》第 L. 722-1）；小农劳动者可以分为农业企业，农业互助保险代理人，农业手工业者等。非雇佣劳动者的定义也很宽泛（《农业法典》第 L. 722-1 条）：在农业从业者中，有农业企业，农业互助保险公司代理人，农业手工业者，等等。农业从业人员的制度体系意味着（《农业法典》第 L. 722-5 条）农场面积符合关于最低农场面积（SMI）一半的规定。这一规定是各地区按照生产性质确定的。低于一半并高于 1/8 最低农场面积，非雇佣劳动者则缴纳团结金但并不享受农业制度规定的相关权利。

② 各项保障费用在综合保障账户（CNAF）中得到平衡整合。

缴费。农业互助保障基金的管理在整个制度上得到整合。[①]

农业劳动者可以选择自己的医疗保险和工伤保险机构。农业互助保障基金、农业补充保险基金，以及其他被授权的互助组织和补充保险公司共同构成市场竞争。[②]

付款模式分散化使得当地特殊性因素得以考虑在内：为保证最高的收款率，农业从业者的缴费日期以及缴费率的确定须与他们的收入相适应。

农业互助保障制度由地方城市基金和中央基金（CCMSA）组成。地方基金以互助保险的法律形式存在：互助保险账户须提交给综合代表大会(assemblée générale)，并由大会决定行政管理款项划拨。中央基金委员以地方委员会为基础而成立。农业互助保障组织在长期受到农业部监管后，如今由主管社会保障的部门监管。不过，它受《农业法典》而非《互助保险法典》和《社会保障法典》的约束。

4. 农业领域的社会保障对公共财政具有很强的依赖性

农业从业者的缴费水平很低，长期以来国家通过对农业部门拨付大量补充津贴来支持制度运行。[③] 农业从业者的社会保障制度资金主要来源于四个方面：缴费收入（一般缴费和综合社会保障费）、专项税收、社会保障基金之间补偿性转移支付以及特殊情况下的预算津贴。需要指出的是，农业从业者的缴费水平较低，以国家团结为基础的来源于税收、补偿性转移支付以及特殊财政预算的资金占收入来源近一半，尤其是烟草税。2009 年颁布的财政法取消了农业社会保障津贴基金机构（译者注：专门资助农业从业者社会保障津贴的公共行政部门），由国家直接负责相关负债。

---

① 《农业法典》第 L. 722-20 款关于农业雇员的定义远远超越了农业活动的范围，结果导致农业体制包含了那些与农业活动相关性不强的、按照常理应纳入普通制度的职业范围。

② 2008 年 10 月 29 日决议允许针对农业非雇佣劳动者的工伤，职业病保险管理的保险公司有：法国通用保险，法国互助保险，Aviva 保险公司，法国 Axa 寿险，Axa 互助寿险，MMA IARD 互助保险，普瓦提互助保险，瑞士保险医疗健康互助险等。

③ 1960 年《财政法》（第 54 条）提高了国家财政对社会保险以及家庭津贴的支持力度（相对于 1942 年 2 月 8 日法律）。

第二节　特殊保障制度

根据《加比唐法律词典》(Vocabulaire Juridique Capitant)，“特殊保障制度是指部分或为完全独立于一般制度的，向某些社会职业（具体如矿物、铁路、电力、城市公路等部门劳动者以及公务员等）提供比一般社会保障制度更好的保障。这些特殊制度通常汇集了社会保障建立以前某一行业职员所争取到的权益。”[①] 由于政治原因，1945 年 10 月 4 日颁布的法规、1946 年 6 月 8 日颁布的法令第 61 条决定暂时保留特殊制度，它们通常由单行的法律法规进行规制。首先，这与一些企业、企业雇员、职业或职业行会的发展历史有关。另外，公务员的保障制度与其他人群的制度不同，源于国家和地方政府不愿意融入一般的保障制度。[②] 宪法委员会指出，“社会保障的特殊制度的存在，作为社会保障的根本原则之一，需要通过调整立法加以修改；津贴标准确定、受益人分类以及取得津贴的必要条件性质等都需法律重新规范”。[③] 然而宪法委员会则认为，如果是针对矿工的特殊制度的调整则可以通过行政法规加以修改。[④]

特殊社会保障制度名录在《社会保障法典》第 R. 711-1 款列出，这项法律指出“在以下机构就业或具备以下职业身份的人员享受特殊社会保障制度，并从属特殊社会保障组织管理：行政管理机构、服务部门、办事处、国家公共部门、国家出版和工业机构、矿业企业和相关企业（1946 年 11 月 27 日颁布的法令规定，不包括碳氢液化和气的开发和研究人员），法国国家铁路公司和铁路从属部门，地方铁路以及有轨交通，电力燃气的开采、生产、运输和销售部门，法兰西银行，巴黎国家歌剧院和法国戏剧学院，以及公务员，法

① G. Cornu. Vocabulaire juridique. PUF，2011：692.

② Tauran T. Régimes spéciaux de sécurité sociale，PUF，2000：3534.

③ 宪法委员会（Cons. const.)，1965 年 7 月 2 日法律第 65-34 条；2012 年 6 月 18 日 QPC 第 2012—254 款。

④ 宪法委员会（Cons. const.)，QPC，2012 年 6 月 8 日第 2012—254 条，JCP S2012，1366，X. Prétot.

官，国家、地区或省市工人，省市非工商业公共机构，法国海员（1938 年 6 月17 日颁布的法令创立）。”[①]

很明显，以上所列的部门性质差异很大。一些特殊制度覆盖所有社会风险，比如海上工作人员、巴黎独立运输公司（RATP）和法国国家铁路公司的特殊社会保障制度。而其他的则只是针对一个或多个风险而设计个别特殊条款，剩余风险由一般制度保障。这些特别社会保障制度也被称为“特殊体制”。

同样，国家公务员保障制度的特殊性体现在退休制度以及疾病、工伤或残疾以及职业病期间收入保障制度上。[②] 而医疗保险和家庭津贴等一般保障制度规定对于公务员同样适用，只是支付机构不同。公务员互助保险机构负责医疗费用，[③] 家庭津贴则由专门负责的部委结算，并与工资一同发放。[④]

1. 不同特殊社会保障制度补助办法也各不相同

一些保障制度实行免费医疗，如巴黎独立运输公司（RATP）或国家铁路公司（SNCF）的特殊保障制度，有的还提前报销医疗费用。总体上讲，这些制度的特殊性表现为津贴补偿比一般保障制度要优越。这一论断基本是确凿的，尤其是当我们考察所覆盖人群获取津贴的条件，或缴费情况。但是，在津贴享受标准等细节方面可能并没有什么明显“优越”的地方。这里我们尤其要考察在退休和退休金保障制度方面，特殊制度的退休金标准并不比普通制度等其他强制性退休金水平高。

---

① Birien M. Les régimes spéciaux de sécurité sociale. RFAS，1971：175.

② 补偿办法依照《公务员总体章程》《公民和军人退休金法》（Code des Pensions civiles et militaires de retraite）第 27 条（L. 27）以及 1960 年 10 月 6 日修改法规 N. 60-1089。

③ 公务员社会保险制度的特殊性最先由 1924 年 4 月 14 日和 1928 年 3 月 21 日机构法律规定，相关津贴和补助由公务员健康互助机构发放。从 1947 年开始，一般疾病制度延伸至公务员群体，然而公务员健康互助机构仍旧主管津贴（即强制性疾病保险、生育和残疾保险）发放服务。发放对象也只对公务员。军人的相关补助由国家公共机构主管，即全国军人社会保障基金。

④ 需要说明的是，同样的津贴，地方公务员和从事医务公务员则由一般保障制度直属的家庭补助基金主管。

2. 特殊保障制度的多样性也表现在受益人的类别方面

一些制度针对公务员，另一些制度则是针对某些公共机构职员的部分待遇，如法兰西银行或法国工商会部分工作人员，国家产业或国有企业工人；还有国有企业经过私有化后延续的特殊制度，如巴黎独立运输公司，电力和燃气业，国家铁路公司的特殊保障制度。此外还有纯私人部门雇员的特殊保障制度，如针对海员、神职人员、公证员[①]以及矿工的特殊保障制度。

3. 管理方式多样化

由国家负责的公务员工伤、养老等保障，属于“自保险”：即不需提前缴纳保险费，风险发生时支付补贴。其他保障则由唯一的社会保障基金和它的管理委员会组成，比如公证员退休和医疗互助基金（CRPCEN），还有一些制度存在一个“基金网”，如矿工保障制度。

第三节　多元的自雇人员保障制度

按照弗朗西斯·耐特（Francis Netter）的说法，“因为自雇人员缴费能力较低，保障制度一度不太可能覆盖一些特定社会风险”。[②] 1946 年 5 月 22 日法律第 46-146 条[③]阐明了社会保障必须向全体法国民众普及，被同一制度覆盖，“遵循分阶段、分情况，并符合法国经济发展的原则调整具体形式”。立法者试图通过 1946 年 5 月 22 日的法律推进养老保险的普及，但“结果则是，由于当时困难的经济形势以及全国上下反对运动的大氛围，最终无法推进保障制度的普及”。[④] 非雇员保障状况停滞不前，一方面因为对于他们而言缴费水平太高，另一方面也是基于避免与雇员的保障制度混为一体的顾虑。

这种拒绝“一般保障制度”的态度在 1948 年 1 月 17 日颁布的法律中得

---

① 1937 年 7 月 12 日法规创建并自 1939 年起，由神职及公证人员的退休和医疗互助基金管理。

② Netter F. La sécurité sociale et ses principes. Sirey，1959：31.

③ 第一款，“所有居住在法国领土的法国人均可享受……社会保障立法应当服从本项法律规定的立法条件”。

④ Cabinet du directeur général de la sécurité sociale. 1947-06-19. A. Barjot. La sécurité sociale. Son histoire *à* travers les textes. CNHSS，t. Ⅲ 1945-1981，1988：87.

以体现。它在考虑到自由职业者利益的基础上，采取不同于一般保障制度的例外条款。这项法律允许专业团体组织管理养老保险基金[①]，这也传递了一个鼓励创建制度多样化的信号，不同类型的组织，风险不同，保障方式也区别于一般制度。这是一个按照风险和职业细分的制度创建工程。

最先受影响的便是养老保险特殊制度的创建。其他针对非雇佣劳动者风险的保障开始于20世纪的六七十年代。自雇人员疾病和生育保险也同样极为复杂。[②] 非农业自由劳动者参加三种社会保障组织机构：养老基金、医疗保险基金和社会保障与家庭津贴缴费管理联盟（URSSAF）。

为整合独立自雇人员的所有制度，2009年创建了自由职业者（非雇员）社会保障体制（Régime Social des Indépendants，RSI），但法律规定的一些自由职业者（译者注：一般是专业性较强的涉及职业许可的自雇人员，如医生、律师、技师、法官等）的保障制度不包括在内。律师的养老保险还是从属于全国律师公会基金（Caisse Nationale des Barreaux Français，CNBF）。

因此，这些法律规定的自由职业者拥有不同的疾病生育保险基金。他们通过各自职业类别组织参与全国自由职业者养老保险基金（CNAVPL）所设立的养老保险制度，[③] 以及参与针对自由职业者的两个医疗保险互助基金。

自雇人员的保障制度也涉及众多的法律规范和补偿方式。

一些保障项目向一般制度看齐。自1973年开始，在缴费水平、保险年限和基本退休金标准等方面，个体手工业和商业从业人员的基本退休制度以及自由律师的养老金与一般企业雇员的制度相当，[④] 在疾病或生育费用支出的负担上也完全一样，[⑤] 家庭津贴以及其他普遍性津贴也同一般制度并无差异。

当然，还有些保障项目区别于一般的保障制度，管理上适用于针对自雇

---

① 如全国工商业自雇组织（ORGANIC），手工业者养老保险自主基金（CANCAVA），全国自由职业者养老保险基金（CNAVPL）。

② 1966年7月12日法律第66-509条创立了手工业者、商业、工业和其他自由职业者的疾病生育保险制度，于1969年1月1日正式实施，同时产生了全国非雇佣劳动者疾病保险基金（CANAM）。

③④ 《社会保障法典》第L. 634-1款。

⑤ 《社会保障法典》第L. 613-14款。

人员所制定的规则。比如，疾病和生育期间收入的计算和服务方面，自雇人员社会保障制度提供疾病补充津贴[①]，普通社会保障制度不予提供。

法定自由职业者的残疾津贴、老年津贴和死亡津贴受到不同规则体系的约束：养老金或抚恤金的额度由参保人所获取的点数和每一点的价值共同决定（每点的价值根据法律以及与一定保险期限对应的结算率来确定）。

另外，自雇人员保障制度的筹资规则基本一样，如医疗保险缴费、家庭津贴缴费或社会税收来源等。RSI、CNAVPL、CNBF 则在基本退休制度的筹资上有特殊的规则。

第四节　社会保障费收缴的行政管理

经过短暂的战后过渡，[②] 1945 年 10 月 4 日颁布的法令[③]筹划将社会保障费用的收缴[④]转向专门社会保障机构。[⑤] 如果说下达相关社会立法的一般指令由劳工部门[⑥]负责，那么基金机构则可以得到劳工部的授权，委托其代理人并接受雇主监管。[⑦]

1945 年 10 月 4 日颁布的法律规定的费用收缴制度已经证明是失败的。除了“双龙治水”[⑧] 的负面效果，战后形势特殊不利于社会保障费用收缴，一些

① 《社会保障法典》第 L. 613-20 款。

② 1946 年 6 月 9 日第 46-1378 号《法国官报》(Journal Officiel République Française，JORF）法令第 5106 页第 20 款。

③ 1945 年 10 月 4 日第 45-2250 号颁布产生社会保障组织机构，1945 年 10 月 4 日《法国官报》，第 6280 页。

④ 1945 年 10 月 4 日第 45-2250 号，第 36 款。

⑤ 1946 年 6 月 8 日第 46-1378 号法令，第 204 款。

⑥ 1945 年 10 月 4 日第 45-2250 号，第 25-2 款。

⑦ 1945 年 10 月 4 日第 45-2250 号，第 43 款；社会保障部政府通报第 18 条和 1947 年 5 月 23 日、1 月 20 日颁布的第 165 条；《劳工部对社会保障基金的监管》一文见 1954 年《社会法》(Dr. Soc) 第 246 页；1945 年 10 月 4 日颁布的法律支持创建社会保障组织。

⑧ 社会保障费用的收缴由社会保障基金机构和家庭津贴基金机构共同负责。

农业地区因为个人经济情况极其恶劣而拒绝缴费。[①]

为了暂时缓解这些困难，法国尝试创建了多个收缴联合会（Unions de recouvrement）。经过这一轮尝试，1948 年 2 月 10 日政府通告，[②] 医疗保险基金和社会保障与家庭津贴缴费管理联盟（URSSAF）[③] 在巴黎诞生。由法国审计法院鼓励建立，通过颁布施行 1952 年《财政法》，允许部长决议可以要求社会保险和家庭津贴基金组织各自费用收缴服务。[④]

1967 年 8 月 21 日第 67-706 号[⑤]法律的颁布，宣告社会保障中央基金管理事务厅（Agence Centrale des Organismes de Sécurité Sociale，ACOSS）的成立，这是一个具有全国公共行政事务性质的机构，“是一种在全国层面的集中管理 URSSAF 各项缴费，维持社会保障机构日常需要的机构”，[⑥] 领导和监管社会保障费用收缴联合会。

社会保障和家庭津贴收缴联合会（URSSAF）和社会保障中央基金管理事务厅（ACOSS）构成当前社会保障费用收缴部门。

事实上，URSSAF 自身业务一直在不断发展中，自雇人员的失业保险费用缴纳，[⑦] 以收入为基础的综合社会税捐（Contribution Sociale Généralisée，

---

① 参见社会保障局长事务所记录。1947 年 6 月 19 日《社会保障管理文献》：Barjot A. 等 La sécurité sociale，son histoire à travers les textes，TomeⅢ：1945-1981. Comité d'histoire de la sécurité sociale，1997：87；也参见 Les charges sociales et leur réalité.，Dr. soc. 1951：698.

② 1948 年 2 月 10 日政府通告第 55 条。

③ 1948 年 4 月 1 日部长决议，《法国官报》1948 年 4 月 10 日。

④ 1952 年 4 月 14 日关于 1952 年财政第 52-401 号法律，《法国官报》1952 年 4 月 15 日，第 3923 页，第 14 款。1956 年第二份报告也指出了社会保障财务状况的严重程度，尤其是“糟糕的二元化收缴机构”（dualité déplorable du recouvrement）导致的结果。还可参考前面提及的 1956 年《审计报告和社会保障》（Le rapport de la Cour des Comptes et la sécurité sociale），摘自 1956 年《社会法》第 362 页，以及《法国社会保障制度评价》（Bilan du système français de sécurité sociale），1956 年《社会法》第 97 页。

⑤ 1967 年 8 月 21 日第 67-706 号法律，见 1967 年 8 月 22 日《法国官报》（JORF）第 8403 页，由 1968 年 7 月 31 日第 68-698 号法律批准，见 1968 年 8 月 2 日《法国官报》（JORF）第 7522 页。

⑥ L'analyse de la réforme. Dr. soc. 1968：18.

⑦ 农业部门非雇佣劳动者的保险费用缴纳还是由农业社会互助会来收缴。

CSG）的募集，以及不久的将来强制性补充退休制度费用的收缴都被划为URSSAF职责中。

第五节　失业和相关保障制度的确立

失业保障的发展历史可以说是跌宕起伏。在它的发展中，国家一直扮演着决定性作用。如今，失业补偿被整合到就业促进服务的范畴中。

一、发展历史

19世纪时，已经存在了为数众多针对失业者的救助基金，这些基金几乎都是由工会创立（1903年，有第戎和埃夫勒两个地方的雇主协会也实施失业救助）。但它们发展得极其艰难，只能提供暂时救助。[①] 所以现在的发展方向是让他们能够从公共基金中得到帮助，实际上失业救助是由市政部门资助的。

在政府的支持下，社会合作伙伴（即雇员、雇主、工会、政府等）在1958年12月31日达成全国行业协会协议，建立了失业保险的制度基础。[②] 建立起来的补偿机制属于失业者救助的补充机制。根据1901年《协会法》，全国工商业就业联合会（UNEDIC）与工商业就业协会（ASSEDIC）联合起来，并负责失业保险的管理。主要的特点体现在：缴费筹资（雇员负责1/5，雇主负责4/5）；对等管理，即各自占有管理委员会一半的席位；雇主有义务加入全法雇主委员会（CNPF），即签约雇主组织；失业补偿金按前期工资收入的一定百分比发放。国家对失业者的救助是主要支柱，协议性失业保险则被设计为资源的补充。在实践中，很多私人部门劳动者的收入来源还是工商业就业协会（ASSEDIC）。这一双重补偿制度运行了超过二十年。

---

① Luciani J. Logiques du placement ouvrier au xixe siècle et construction du marchéd u travail. Sociétés contemporaines. 1990：5.

② 这一制度是作为公共制度的补充制度设计的；Oudin. La convention du 31 décembre 1958 relative à la création de l'allocation chômage. Dr. Soc，1959：370；直到今天，还有很多课本手册将失业补偿作为补充社会保障。

二、公共就业服务

2008 年 2 月 13 日颁布了第 2008-126 号关于改革公共就业服务组织的法律，[①] 它的重要内容是合并全国促进就业机构（ANPE）和负责失业保险管理的全国工商业就业联合会（UNEDIC）。这一合并的目的是建立一个全国公共机构，[②] 作为促进就业的唯一的三方共同管理机构（即国家、雇员工会和雇主组织）。这一机构就是“法国就业中心”（Pôle Emploi），它负责调查就业市场，搜集就业信息，向雇主提供建议和帮助并起到中介作用（将就业需求和工作机会对接），防止就业歧视和促进就业平等；陪伴失业者重新回到就业状态（包括就业人员流动性的陪伴），办理失业人员求职登记和失业保险金的发放（代表 UNEDIC）；负责社会团结津贴的发放，如特别团结津贴（ASS）和重返就业津贴发放（代表国家社会团结基金）；工商业就业协会（ASSEDIC）的所有职能。此外，就业中心还被赋予了全新的导向职能，即不仅增强对就业申请者的服务范围以确保职业计划的安全性，还促使职业发展方向与培训和介绍就业充分协调。

失业保险费用征缴由工商业就业协会转给全国社会保障和家庭津贴管理联盟负责。此外，全国工商业就业联合会（UNEDIC）作为失业保险制度的管理者，其管理权限继续有效。[③] 三方协商确定全国和行业协会计划、确定失业补偿方式和补偿款筹资的原则也没有改变。

第六节　补充社会保障系统

1945 年建立的一般保障制度并没有填充社会保障的全部领域。立法者从制度建立之初就留有补充保障制度的发展空间，即另一种社会规范，以期通

① 见 2008 年 2 月 14 日《法国官报》（JORF）第 2712 页。

② 《就业法》第 5312-1 款。

③ 《就业法》第 5427-1 款。

过商业渠道逐步填充基本制度预留的这一领域。① 这些补充保障措施很少从一开始就有规章制度，而是随着发展逐步加以规范并以法律形式确定下来。

一、最初法律表述

1945 年 10 月 4 日颁布的法律第 45-2250 号第 18 段设立了一个原则，即“所有形式的自愿保险或自愿社会保障机构——那些管理特殊保障制度以及管理一个或多个企业组成的代表雇佣劳动者利益的互助救助联盟的机构除外，只有在就业和社会保障部门的批准下才能创建和运行。这样做的目的是确保更优质的社会保障”。

以企业或职业计划产生的保险机构，受到《社会保障法典》第 L. 4 条和 1946 年 6 月 8 日颁布的法令第 46-1378 号第 43 款约束（它为实现 1945 年 10 月 6 日社会保障组织的法律规定了公共行政规则）。

二、企业雇员退休权利的兴起

没有被社会保险覆盖的人面对如养老、残疾和死亡重大社会风险会自行建立保障机制。一些雇佣管理人员（译者注：不同于普通雇员的管理干部）的企业，由于工资高于保险的封顶线而被排除在外。20 世纪 30 年代，尤其是 1936 年 6 月 24 日根据行业或集体协议，开始发展私人退休制度（养老保障）。

现行的社会保障制度是第二次世界大战后诞生的；因为企业中管理干部和技术人员一般工资较高，而一般保险制度的缴费和年金都有封顶线，所以他们对于参与一般的保险持反对态度。在这种情况下，政府以人数对等的原则组织劳资（雇主和代表管理干部的工会）委员会。② 该委员会在 1947 年 3 月14 日决议组织了由普通制度缴费封顶线以上的工资支付的补充退休制度。同时也组织创建了补充医疗保险制度，管理机构为企业管理干部退休协会

① Saint-Jours Y. La protection sociale complémentaire d'entreprise. Dr. soc. 1982：141.

② Gabellieri B. Le régime complémentaire de retraite et de prévoyance des cadres. institution du droit économique，thèse Nice，1987；142s.

(AGIRC)。[①] 1947 年 3 月 14 日 AGIRC 组织[②]通过了两项集体协议，一是全法雇主委员会（CNPF）集体协议，二是高级干部和工程师联合会（UGICS）、干部总联盟（CGC）、全国工程师及干部联盟（FNIC）集体协议。第一个协议的目的是维持雇员以前的社会保障利益，第二个是干部的医疗保险和退休的集体协议。第二个协议同时创建了：[③]

（1）分摊原则基础上的补充退休制度；

（2）强制补充保险制度，由雇主支付 1.5%，针对那些还没有享受到补充退休金的管理人员，优先提供死亡抚恤金；

（3）自愿补充养老制度。即除强制性的补充制度，雇主还可自行制定更多补充退休制度。[④]

1961 年 12 月 8 日，全法雇主委员会（CNPF）和雇员工会联盟（CSS）签署了另一份协议，目的是确保普通雇员最低退休金体制。[⑤] 加入 CNPF 都要参加补充退休金制度。附加条款 I 第 8 款关于“普及补充退休保障的协议”促使了又一个机构的产生——补充退休制度协会（ARRCO）。这个劳资双方构成的机构负责普通雇员（译者注：干部不包括在内）的补充养老保障管理，不管居住期限长短，也不管养老金领取时受雇期限长短。ARRCO 同时也通过“团结储备金”建立一套补偿机制，使不同退休金管理机构收费平等化。ARRCO 的设立也使得不同的基金回报率得到协调，进而保障补充退休金在不同制度下的水平大体相当。[⑥]

与 1945 年社会保障制度建立时立法者设想的不同，工会组织和雇主组织

---

① Froit B. Aux origines interprofessionnelles des régimes de retraite complémentaires français：la naissance de l'AGIRC. Rev. IRES，1995：105.

② 一次三方谈判的结果。

③ 31 号部门决议。

④ Hecquet P. Les systèmes de retraite d'origine conventionnelle leur origine，leur développement. Colloque sur l'histoire de la sécurité sociale. Assoc. pour l'histoire de la sécurité sociale，1990：173.

⑤ 1962 年 3 月 27 日政府决议通过，3 月 31 日《法国官报》(JORF)，第 3421 页。

⑥ Netter F. Histoire des retraites complémentaires des salariés. Dr. soc.，1977：58.

等社会合作各方是通过创建一般制度之外的机制而改善社会保障状况。

立法者曾经通过提出法律框架，支持创建这些补充保障机构；[①] 后来在1972年12月29日再次立法。此次是普及设立补充养老保障这一原则，使其包含一般制度覆盖的所有雇员或农业社会互助保险。在不触及AGIRC和ARRCO两个机构的原型的情况下，政府通过陆续下发的决议使以上协议同样适用于现有的或离职的全体雇员。[②]

三、其他强制补充退休保障的发展

效仿企业雇员的退休制度，国家也针对非受雇人员和公务员组织强制补充退休保障制度。

1. 非受雇人员

很多自由职业行业被政府允许自行组织强制性补充保障制度，通常（但并非总是）由基本保障制度的管理机构管理。[③]

事实上，《社会保障法典》第L. 644-1款考虑到在所有行业或特定行业实行强制补充养老保险的可能性。这种补充保障制度的管理机构是在全国自由职业者养老保险基金（CNAVPL）行政委员会的要求下，征求全体会员的意见，并通过法律形式组建。应用这一条款，补充保障制度就以强制的形式在自由职业者（所谓的专业领域）退休管理机构中得到贯彻实施。这些自由职业者和相关行业有：律师行业[④]、一般保险代理人、建筑行业、咨询和专家[⑤]、

---

① 1945年10月4日法律第18款要求部门授权创建和维持补充退休机构从事基本制度外更好养老补助的活动。1956年12月1日法律，1962年8月2日法律对协调机制做了构想，1959年2月4日行业集体协议许可。

② Vouillarmet J. P. La retraite complémentaire：vingt ans de généralisation. La retraite complémentaire ARRCO，1993：11.

③ Not G. Les régimes de retraite complémentaires des professions libérales. RDSS，2012：233.

④ 《社会保障法典》第L. 723-14款。

⑤ 1979年3月21日第79-262款。

艺术家①、助理医务人员②、外科牙医③、医生④、公证员⑤、药剂师⑥、兽医⑦、签约助产师⑧、司法助理人员⑨。

2. 公务员

2003年8月21日颁布的法律第2003-775条关于退休改革的条款规定，创建国家公务员强制性补充退休保障制度，称为“附加退休计划”（Retraite addtionnelle）。⑩ 这是一个按积累点数计算附加退休金的计划，按照现收现付模式运行，并由公共部门附加退休金机构管理（ERAFP）。⑪

四、自愿补充社会保障

在基本保障制度之外，个人也可以直接和提供补充保障的机构签订合同。这是一种个人保险或家庭保险。由保险合同决定投保条件、保险性质以及补贴额度。大部分非雇员的自愿补充退休保障制度采用这种模式，比如很多工商业者自愿退休管理机构的合同就采用这种保险形式。这个领域的保险属于针对不同保险类别的个人保险：

（1）寿险。建立资金积累，在合同规定的时刻如果被保险人还在世，则开始领取年金。

（2）死亡险。在被保险人死亡时，向合同规定的保险受益人支付一定数量保险金或年金。

---

① 《社会法》第L. 382-1款，存在三种艺术家补充退休制度，即教学和设计，剧作家，抒情作家。

② 1984年2月22日第84-143款。

③ 1950年1月6日《修改法》第50-28款。

④ 1949年4月22日《修改法》颁布的第49-579款。

⑤ 1949年4月22日《修改法》颁布的第49-578款。

⑥ 1949年4月22日《修改法》颁布的第49-850款。

⑦ 1950年10月21日《修改法》第50-1318款。

⑧ 1984年4月5日《修改法》第84-254款。

⑨ 1979年3月27日颁布的法律第79-265款。

⑩ 2004年6月8日颁布的法令第2004-569款，关于国家公务员附加退休计划。2004年6月19日《法国官报》（JORF），2004年11月26日政府决定，见2004年11月30日《法国官报》（JORF）。

⑪ Tauran T. L'architecture d'ensemble de la retraite des fonctionnaires：quelques repères dans un environnement de plus en plus complexe. Dr. Ouv. 2009：375.

（3）混合险。在合同规定时刻若被保险人存活，领取一定年金，而被保险人死亡时给予受益人一定保险补偿。

（4）本金券。按照储蓄保险的运营模式，在保险合同期满后提供一定数量的保险金。

（5）身体损害险。包含不同类型的保险，如医疗费用，意外事故收入补偿，或残疾补偿以及死亡抚恤金。

当互助医疗保险涉及普通雇员（和他们的家庭成员）并意图设立团体保险时，自愿性补充保障的情况就变得更加复杂。在法律规定的强制补充保障基础上又增加一层保险机构和企业的合同关系，其目的是向雇员支付更多津贴。因此，这种关系是集体的和三重的关系：即企业和保险机构两方为了第三方雇员的利益而订立的保险关系。

职业层面和企业层面的社会保障对法定的、强制的社会保障制度起到了补充的作用，主要体现在互助医疗保险（死亡险，丧失劳动能力或残疾，以及医疗费用的报销）和补充退休金计划方面。

企业雇主通常参与到缴费过程中。这是因为国家向参与补充保障制度的企业提供减免税款或基础社会保障费的政策支持。

第七节　社会救助和相关社会行动

社会救助和社会行动的法律包括对特定人口适用的保障措施，人们曾将他们陆续称之为：流浪汉[①]，贫苦人[②]，贫困人口，受救助人口，“新贫苦人口”“第四世界”[③] 人口，被排斥人口[④]，无家可归人口，无归属感人口[⑤]，在

① Damon J. La prise en charge des vagabonds，des mendiants et des clochards：une histoire en mouvement. RDSS，2007. 933.

② De Gerando J. M. Traité de la bienfaisance publique. Société belge de librairie，1839.

③ Wrejinski J. M. Le Quart-Monde en quête d'un revenu familial garanti Dr. soc. 1981：131.

④ Paugam S. Les formes élémentaires de la pauvreté，PUF Press. Le lien social，2005.

⑤ Castel R. De l'indigence à l'exclusion，la désaffiliation. Précarité du travail et vulnérabilité relationnelle Donzelot J. Face à l'exclusion. Le modèle français. Esprit，1991：139.

职贫苦人口。表达术语的发展变化反映了公众诉求对已经成为共同问题和社会风险的某种社会现象的适应性。这种诉求也逐步脱离传统的慈善研究视角。[①] 术语的不同也同样表达了对贫困的另一种理解，它超越了财政意义上贫困。法国社会保障计划的逻辑本是使社会救助不复存在。

现行的社会救助津贴的法律推进了用货币解决贫困的方法。当应保人不能满足法律规定进入社会保障的条件，社会救助就作为候补力量参与其中。

社会救助表现为两个方面：（1）传统社会救助，即针对特定贫困群体在特定时期的救助，它包含六种形式的社会救助：儿童救助，医疗救助，老年救助，残疾人救助，住房、收容救助；（2）法律规定的，针对需要保护的特殊情况实施的社会再适应救助。

1989 年增加了最低融入收入保障制度（RMI），被设计为社会救助网下之网：最低收入补助意味着在任何情况下都有一个最低生活资源的补助，RMI 被构想为旨在方便受助者融入社会的制度安排。行政管理机构和受益人都须履行多种义务：指定救助对象，在接受补助金三个月内根据协议规定，对补助金的融入功能作总结，如果没有遵守规定的义务就要暂停发放补助金。然而，这一最低融入收入保障制度存在很大不便性，在财政上它鼓励惰性，没有鼓励受益者从事收入低于 RMI 的工作。

随后，立法者用积极团结收入（RSA）[②] 来替代 RMI，即以家庭为单位确定最低经济收入。不同于 RMI，这个制度之所以具有“积极性”，在于它除了针对在职贫困者，对于失业者重新就业而产生的必要费用（如孩子看护、交通等）也给予补偿，按照收入变动，补助金每季度计算一次。RSA 也代表了欧洲社会保障发展的趋势，减少贫困的努力从财政支持向鼓励重新就业转变，其前提是个人在社会补助和工作收入中做出重返就业的决定。

---

① Lafore R. Droit et pauvreté：les métamorphoses du modèle assistanciel françaisRDSS，2008：111.

② 2008 年 12 月 1 日法律 2008-1249 条，普及积极团结收入制度和改革融入政策。

这种公共社会救助制度得到了私有领域救助的重要补充。在一些长期被政府忽略的领域，私人部门的社会救助得到了发展。他们通常以协会的组织形式，如今他们组成一些大型的联盟，承担重要的公共服务任务。

第四章

医疗保险

一般医疗保险制度首先是社会保险制度的一部分，也就是针对雇员以及法律规定的其他人员，且以缴费为前提的保险制度。然而，自1999年7月27日第99-641号关于创建医疗保险全覆盖的法律生效以来，一般医疗保险制度对那些最为贫困的人口，只要居住在法国就可以享受疾病保障服务。

医疗保险制度扮演两个角色①：在某些程度上它是一种收入替代制度，它可以弥补疾病或意外事故的情况下引起的工资收入损失，医疗保险制度以现金的形式进行补偿（第一节内容）；在因疾病引起的必要的医疗（药）花销方面，医疗保险的被保险人有权得到保障，② 换句话说，这相当于一种"实物"保障（第二节）。生育保险和残疾人保险作为医疗保险的"近邻"，虽然其内容也涉及家庭津贴福利部分，但考虑到被保险人享受的"实物"保障，即医疗服务情况，所以我们放在接下来的第三节和第四节介绍。

第一节　基本医疗保险制度

一、医疗保险的收入替代功能

医疗保险的现金津贴是发放给被保险人，当他因为疾病无法从事职业活

---

① 参考《社会保障法典》第L. 321-1款。

② 主要是那些未被一般疾病保险制度覆盖的人群。相关免费健康服务详见社会保障法典第L. 321-1款。

动时给予的替代收入，即《社会保障法典》中所称的“每日疾病补助金”。[①]

被保险人享受现金补贴是有一定条件限制的（第一小部分），补贴的额度根据病休前的收入水平计算（第二小部分）。

（一）享受现金补贴的条件

正如前人强调过的，“法国的医疗保险每日补贴制度发展，一直在向越来越严格的领取条件以及对被保险人的严格监控方向转变”。[②] 相关补助金的发放一般来说要求被保险人满足加入一般社会保障制度的一定时限、因健康状况无法工作，以及履行其他方面的行政手续三个条件。

1. 参加一般社会保障的时限条件

如果个人希望医疗费用由一般社会保障制度负担，或在疾病期间得到一定的替代收入，则需要满足提前加入医疗保险制度。标准根据工作的小时数及其工资数额、并参考最低工资标准确定。[③] 除此以外，对于补助领取时间在6个月以上或以下，加入一般社会保障制度的时限要求也不同。[④] 一般在病假开始的时候评估这些条件。[⑤]

2. 因疾病（暂时）无法工作

疾病和是否适合工作[⑥]的诊断由家庭医生或相关医护人员、外科牙医或助产士（若病休的患者是孕妇的情况下）做出。[⑦] 据此出具病假证明，也就是病人并休息的诊断，并提交行政和医疗监管部门。

《社会保障法典》第 L. 323-3 款规定，如果从事全职工作的被保险人因为

---

① 《社会保障法典》第 L. 321-1 款第 5 条。

② Fouchard-Tessier B., Martinel A. Indemnités journalières de l’assurance maladie. Les dernières évolutions de la jurisprudence de la Cour de cassation Dr. Soc., 2012: 291.

③ 《社会保障法典》第 L. 313-1 和 L. 313-2 款。

④ 《社会保障法典》第 R-313-32 款。

⑤ 《社会保障法典》第 R. 313-3 款。

⑥ 1998 年 10 月 22 日《社会司法》（Juris. Soc），工业及冶金业联盟（UIMM），第 98-622 期，第 421 页。

⑦ 由外科牙医或助产士出具诊断的情况，有时条件非常严格。详见 1985 年 10 月 17 日社会部第 43/85 期公告，第 85-1122 号法令。

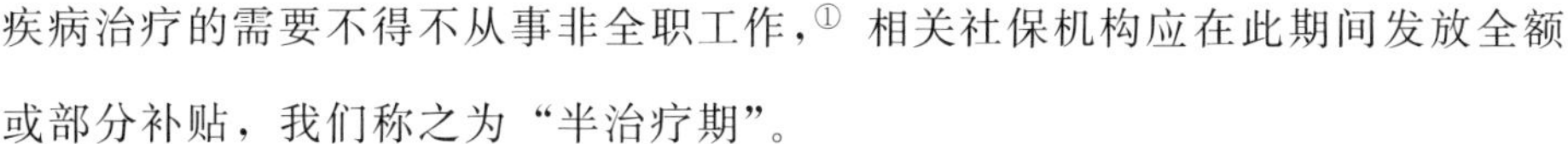

疾病治疗的需要不得不从事非全职工作，[①] 相关社保机构应在此期间发放全额或部分补贴，我们称之为“半治疗期”。

3. 其他条件

在病休证明的随后两天里，被保险人应随时准备接受社保部门的检查。被保险人在医生诊断的病休期间不经允许不应远离其所在（医疗保险管理机构登记的）区域，否则将丧失疾病补贴。[②] 社会保障疾病补贴的发放因此还取决于患者是否遵守医生关于患者外出的遵嘱。[③]

（二）补贴标准计算

社会保障医疗保险管理部门向被保险人以社会保险补助的形式发放替代性收入是从病休第四天开始。[④] 医疗保险制度有三天的非补偿期，三天的非补偿期适用于因为疾病暂时无法工作的每个时期，长期疾病的情况除外。[⑤]

疾病补贴的发放期限一般是和被保险人无法工作的时间一致。不过还有一个最高补偿天数限制，即从因病休息第一天开始算起，三年内的最高补助天数为 360 天。[⑥] 这一最高补偿期的规定在长期疾病的条件下不适用，关于“长期疾病”的规定参考《社会保障法典》第 L. 324-1 款，在这种情况下，医疗保险补贴期限为三年。

在病休的前 6 个月，医疗保险补贴的标准相当于被保险人病休前工资水平的一半。如果被保险人有三个及以上孩子需要抚养，在病休的第 31 天起，补贴标准可以达到其病休前工资水平的三分之二。

---

① 如果从事全职工作因医治需要无法继续全职而进行非全职工作，这种条件下即便在长期疾病的情况下，被保险人也受到保护，享受相应补贴。详见《社会保障法典》第 L. 324-1 款。

② 详见《社会保障法典》第 L. 321-2 和 R. 321-1 款，以及 1964 年 11 月 26 日《公告》（Bull. IV）第 787 期第 649 页。

③ 《社会保障法典》第 L. 323-6 和 R. 323-11-1 款。

④ 《社会保障法典》第 L. 323-1 和 R. 323-1-1 款。

⑤ 1964 年 11 月 23 日，《全国社会保障基金管理机构联盟（UCANSS）司法公告》；社会保障法典第 L. 323-1-1 和 R. 321-1-4 款。全国雇员疾病保险机构内部通讯第 2001-106 期，2001 年 8 月 13 日。

⑥ 《社会保障法典》第 L. 323-1-2 款和 R. 323-1-4 款。

从病休的第 7 个月开始，医疗保险补贴的水平统一为社会标准水平的 51.49 %。[①]

二、医疗费用支付和医疗服务

医疗费用是依据工作情况或是居所发放的，在一定程度上即为普遍医疗保障。在解释了医保受益人和费用负担的主要原则后，我们将更具体地介绍医保付费的内容。

（一）医疗保险的受益人

传统的法国医疗保险中，受益人不仅包括受保人自身（受保人需要满足职业活动方面的要求），也包括其他权利义务关系人：配偶[②]、伴侣合约（PACS）的同伴或与受保人事实同居的伴侣[③]，由受保人抚养的子女[④]，以及其他满足一定条件的家庭中的长辈或晚辈[⑤]。1999 年创立的普遍医疗保障机制凸显了立法者扩大医疗保险保护范围的意愿，它特别保护那些从未获得过或已经失去社保参保人资格的个体。[⑥] 后者[⑦]通过普遍医疗保障能在 4 年内保持自己过去能享受的实质医疗服务，在 1 年内保持过往享受的医保资金方面的支持。[⑧]

从 2016 年 1 月 1 日起，所有稳定而合法地在法国工作或居住的人都能获得普遍医疗保障，也可以基于这一规定申请报销医疗费用。就一个参保人而言，与他相关的成年的权利义务关系人（配偶、伴侣、同居者、成年子女等）都将在 2020 年 1 月 1 日前逐步变为独立的被保人。有经济活动的人无须证明他们的工作量达到了从前规定的最低额度，工作本身就能保证他们获得医疗

① 《社会保障法典》第 R. 323-5 款。

② 《社会保障法典》第 L. 313-3 款。

③ 《社会保障法典》第 L. 161-4 款。

④ 《社会保障法典》第 L. 313-3 款。

⑤ 《社会保障法典》第 L. 161-14 款。

⑥ Marie R. La couverture maladie universelle. Dr. soc.，2000：7

⑦ 《社会保障法典》L. 161-8 款。

⑧ 《社会保障法典》R. 161-3 到 R. 161-5 条及 R. 318-78 款。

保障。对于不从事经济活动的人而言，只要他们满足一定的居住条件便能申请普遍医疗保障。具体来说，只要他们合法地在法国居住 3 个月以上，便有申请的权利；为了保持这一权利，参保人之后每年至少需要有 6 个月居住在法国。[①]

（二）医疗费用负担的主要原则

一般社会保障制度规定的医疗费用负担原则主要有：

1. 制度覆盖的不只是有职业的被保险人，还包括其他比如其配偶[②]、合法同居伴侣以及被保险人所抚养或赡养的人[③]、其子女[④]、法律规定的其他直系亲属[⑤]。

2. 一般医疗保险制度并不直接提供医疗服务，只资助一定比例的医疗消费。医疗或医药服务委托给私立或公立的医疗服务机构。[⑥] 药品和医疗器械由私人企业制造。其生产和经营严格遵守《公共卫生法典》和《社会保障法典》的双重规定。[⑦]

3. 被保险人先行支付，而后由医疗保险机构报销。

4. 医疗服务和物品的价格并不是不受约束的，应符合公共权威部门评估的质量标准和可持续性。

5. 一般而言，医疗保险制度只负担医疗费用的一部分，而不是全部。费用报销的数额等于标准内医疗费用（也就是报销基准）减去个人支付部分（医药费自理部分）。

保险的比例根据医疗服务项目和医药品不同而有所区别。如果住院的情

---

① 《社会保障法典》第 L. 111-2-2 及 L. 111-2 款。

② 《社会保障法典》第 L. 13-3 款。

③ 《社会保障法典》第 L. 161-4 款。

④ 《社会保障法典》第 L. 313-3 款。

⑤ 《社会保障法典》第 L. 161-14 款。

⑥ De Kervasdoue J. Le marché de la santé n'est pas un marché comme les autres. *Rev. Risques*, 1998 (33): 17.

⑦ 这一特性也会引发权力的碎片化，参见 Lhernould J. -Ph., Kessler F. L'impact sur le droit de la protection sociale de la jurisprudence de la CJCE relative *à* la libre prestation des services. 2002: 748.

况下，在此基础上加上一个定额的住院费用报销标准。自 2005 年，医疗保险还可以报销一部分由医生或生物学家出具的诊断或其他医学证明。自 2008 年起，在某些医疗消费品和服务方面，规定了自理部分年度最高限额，超出部分给予报销。除此以外，私人部门的补充医疗保险得到发展，有的成为强制社会保险。

（三）医疗保险制度对医疗费用的负担

医疗费用负担按照住院费用和非住院费用由不同规定进行规范。

1. 非住院费用（或门诊费用）

门诊费用包括诊断费用、药品消费以及医疗器械消费。疾病社会保险制度只负责部分医疗费用。

（1）医疗和辅助医疗服务

根据《社会保障法典》，医疗保险所负担的治疗费用包括医疗费用、药费、自愿中止妊娠相关费用、牙科治疗、交通费用[①]、特殊教育（如残障儿童）群体住宿费用、功能性康复或职业康复费用、婚前医学检查费用、某些人群的免疫接种费用等。医疗保险所覆盖的费用明细还不仅仅止于《社会保障法典》第 L. 321-1 款规定的费用明细，它实际上覆盖被保险人所有的“必要的”治疗费用，这种“必要性”由医生在遵守《公共卫生法典》（Code de la santé publique）的相关规定基础上[②]进行评估和判断[③]。

由于社会保障筹资的社会性，社会保障制度的原则是不能在没有任何价格限制的条件下自动报销疾病补贴或所接受的医疗服务费用。同时，如果医疗服务的供给是私营性质的，也就是遵照“定价自由”的原则，如果他们的定价不符合大部分医药专业人员所认同的供给和需求条件，社会保障制度也

---

① 详见最高法院社会庭，1999 年 7 月 15 日《公告》（*Bull*. V）第 358 号。

② 详见最高法院社会庭，2000 年 2 月 10 日《社会司法期刊（2000）》（RJS 2000）第 443 页。

③ 详见最高法院社会庭，1993 年 2 月 11 日《社会司法期刊（1993）》（RJS 1993）第 323 页。另参考 Riviere-Meyer C. Du droit au devoir de substitution du pharmacien dans le cadre de la prescription médicale RDSS，1998：471.

不能自动报销相关费用。相关标准由具有代表性的健康专业组织[①]和全国医疗保险联盟（Union nationale des caisses d'assurance maladie，UNCAM）共同确定。全国医疗保险联盟由三个主要的医疗保险管理机构，即分别主管一般保险制度、农业医疗保险以及自由职业者医疗保险的机构，以及由补充医疗保险组织组成的全国补充医疗保险联盟（Union nationale des organismes d'assurance maladie complémentaire，UNOCAM）[②] 共同组成。两方所确定的关于医疗保险费用报销的全国性协议，需要经过负责医疗保险的政府行政部门认可后生效。

除了对医药人员提供服务的费用规定以外，他们所提供的服务本身也有专门规定。健康评估办公室（Agence d'accréditation et d'évaluation en santé，AAES）草拟《医疗实践指导准则》，作为所有医疗行为的参考指南。制定指导准则的目的是在全面评估医疗行为，在保障医务人员自由开具医疗处方的条件下消除特定情况下的医疗浪费。这些准则也代表着医疗行为的行业规范。[③]

负责开具处方和医疗处理意见的医生、外科牙医、助产士以及其他从事医疗的专业人员的专业行为要按照一般医疗行为分类（classification commune des actes médicaux，CCAM）制定专门目录规范。对医疗行为进行分类的目的是对医疗和医药行为进行编号，通过编号，医药卫生人员可以让社会保障机构了解医疗行为的价值。[④] 编号是以关键字母为索引，在疾病保障部门和专业卫生人员的协议中有对应的货币价值（也就是费用标准）。当然，医疗行为分类和费用的制定还要考虑医药卫生人员进行诊疗的成本，比如其缴纳的民事责任保险、租金、医疗设备等。如果不履行上述准则，将会追诉民事[⑤]

① Borgetto M. La représentativité des syndicats en droit de l'assurance maladie. 2008（18）：39.

② 《社会保障法典》第 L. 162-14-3 款。

③ 《社会保障法典》第 L. 161-28 款。

④ 1972 年 3 月 27 日法令第 1 款，见 1972 年 3 月 31 日《法国官报》（JORF）第 3282 页。

⑤ 《社会保障法典》第 L. 133-4 款。

或刑事责任①。医药卫生人员的取酬方式一般是按照所提供的医疗服务收取的。

在医疗收费标准确定后，一般医疗保险制度负责部分或全部（特殊情况下）患者所支付的医疗费用。

（2）药品定价和报销

《公共卫生法典》第 L. 5111-1 和 L. 5111-2 款规定了可以报销的药品目录。②

根据《公共卫生法典》第 L. 5121-8 款规定，所有药品在上市前必须经过权威机构认定程序。要获得进入市场的资格证，需要满足三个主要条件：质量、安全、疗效。③ 全国卫生产品和药品安全办公室（l'Agence nationale de sécurité du médicament et des produits de santé，ANSM）和欧洲药品办公室（European Medicines Agency，EMEA）的负责人向符合规定的药品发放上市准入资格证。

关于"一篮子"可报销的医疗服务和药品的确定，理论上讲要包括确定的医疗用品（器械、药品等）和服务需要。而在实践中，则是确定服务和药品的所属类别、是否进入报销"篮子"以及相关的自费比例。

可以报销的药品首先需要由有资格的医生（如前文所述医生、外科牙医、助产士等）开具处方，并使用 DCI（国际通用命名法）名录，药品均在药店供应，由专业药剂师把关。

在公共卫生领域，为了利用非专利药品市场竞争而产生的价格优势，政府立法者试图开发非专利药品的市场，赋予药剂师使用药品替代的权利。④ 为

---

① 《社会保障法典》第 L. 162-38 款。

② Bras P. L. Les caractéristiques de la politique du médicament remboursable. RDSS，2011：391.

③ 《公共卫生法典》第 L. 5121-9 款。

④ 参考 1998 年 12 月 23 日颁布的 1999 年社会保障筹资法令 No. 98-1194，第 29 款；Mégerlin F.，Vion D.，Bégué D. Le droit du reconditionnement des médicaments au profit des patients：entre Charybde et Scylla. Médecine et Droit，2009（94）：17.

了促进非专利药品的使用，《社会保障法典》第 L. 162-16-7 款规定了“非专利药品第三方直接支付”[①]：患者（被保险人）如果接受医生推荐的非专利药品，在购买药品时只需支付自理的部分。

（3）医疗设备费用的确定与分配

“根据《公共卫生法典》的定义，医疗装备（dispositifs médicaux）指所有用于人体中的任何起医疗作用的工具、设备或产品等，它们的主要作用应是非药物性的功效。”[②]

《公共卫生法典》第 R. 5211-12 款是根据欧盟第 93/42/CEE 号关于医疗装备的指令制定的；根据其中更详细的规定，所有法国市场上流通的医疗装备必须带有欧盟特有的检验标识，以此表明该装备符合健康安全方面相关规范制定的标准。

部分医疗装备所产生的费用由医疗保险承担：它们必须由负责健康和社会保险的部长通过行政令列举在一份清单中，其名为“可报销的医疗产品及服务列表”（liste des produits et prestations remboursables，LPPR）。[③] 列表中或者指明产品的一般特征，或者明确标出商标或品名。行政令可以设定一些条件，比如产品必须遵守特定的技术标准或医疗、诊断和使用方面的特殊说明。这些商品的基本价格（Le tarif de responsabilité）通常由制造商和经销商通过合约规定，若双方之间没有合约，则由健康产品经济委员会[④]和国家医疗装备与健康科技评估委员会[⑤]来确定；它们都隶属于高级健康处。[⑥] 患者承担的费用由 UNCAM 的总务主任决定，并只能在基本费用的 30％到 40％之

---

① 关于第三方直接支付，由疾病保险机构和药房药剂师签订协议具体实行。

② 《公共卫生法典》第 L. 5211-1 款。

③ 《社会保障法典》第 L. 165-1 款，列表的最长有效时间为 5 年。

④ Comité économique des produits des produits de santé（CEPS）；《社会保障法典》第 L. 165-2 款。

⑤ La Commision nationale d'évaluation des dispositifs médicaux et des technologies de santé（CNEDiMTS）.

⑥ La haute aurorité de la santé（HAS）.

间。[①] 如果这些费用并不在住院费用中结算，则它们的清偿方式与药物的清偿方式相同。

（4）医疗保险承担部分费用

为了让社保部门补偿医疗费用，患者必须把治疗表（la feuille de soins）交给相应的初级医疗保险基金管理机构（la caisse primaire d'assurance maladie）。[②] 一般来说，医疗服务的费用均在提交治疗表后的 15 天内[③]直接偿还给参保人或参保人的子女（他们已是成年人，而且在社保机构中有独立的账户）。[④] 这些医疗表已逐渐电子化，参保人只需要使用医保卡（carte Vitale）便可在医疗机构中直接将相关信息转送到医疗保险中心。[⑤]

参保人仍须承担一部分费用。[⑥] 除了 1930 年确立的基础参与费（ticket modérateur）外，还有 1983 年确立的每日住院特定参与费、2005 年确立的 1 欧元的特定参与费、2006 年确立的重大医疗活动的特定参与费（18 欧元）、2008 年添加的“免偿费用”，以及 2004 年确立的所谓“医疗流程”费用规定。根据这一规定，社保机构承担的费用将因患者自身的行为（从治疗的角度看是好还是坏）而不同，这些行为的具体内容还可以由 2012 年建立的“参与治疗合约”中的约定来规定。[⑦] 同时，政府又建立了削弱以上各种缴费手段的规定，这导致现在的医保费用报销制度极其复杂。

以上规定适用于参与“协调治疗流程”的参保人。这一“流程”意在将一位患者所接受的不同种类的医疗服务交由一位医生统一管理，以便使治疗

---

① 《社会保障法典》第 R. 322-1 款。

② 《社会保障法典》第 R. 161-49 条规定治疗表为医疗保险所承认的收据。参见最高法院社会庭 1997 年 1 月 16 日（第 23 号）判决。

③ 《社会保障法典》第 R. 362-1 款。

④ 《社会保障法典》第 L. 161-14-1 款。

⑤ 《社会保障法典》第 L. 161-28 款。

⑥ Legouhy M. Le déclin des prestations en nature，RPDS 2012：271.

⑦ 2012 年 10 月 25 日签订的医疗协议第 8 号修改协议。

更加合理[①]，这使得医务人员对于患者来说处在有差别的地位中。在这个问题上有两条法定原则：任何一个 16 岁或以上的参保人可以向医疗保险中心报告他选定的一位医生；此后，这位参保人只在选定医生处就医，若他需要在其他医生处就诊，需要选定医生的同意。

关于“医疗流程”：无论医生从业的领域，医疗保险均负责 70%的费用。如果年龄为 16 岁或以上的参保人不遵守流程的规定，他可以被处以一定的财产处罚，[②] 比如每一个不遵守约定的行为可将其承担费用提高 17.5%[③]，以及追加 40%的基础参与费用。[④] 这些追加的费用不能由补充保险基金的机构承担。

在确立参保人参与缴费的原则的同时，立法者也制定了一系列根据医疗活动或患者类别的减免措施。最突出的措施是针对长期疾病患者的规定。这些措施甚至可以起到全额减免参与费用的作用，而其原因极多（仅对于基础参与费用一项就有三十多条减免规定），并没有统一的逻辑。比如，针对三类药物的参与费用就被全部取消了：被认为“不可替代但极其昂贵”的药物；被列入可补偿药物列表的药物；有短期使用许可（autorisation temporaire d'utilisation）的药物。

2. 住院治疗的费用

参保人可以在公共医院、私人非营利性医院和私人营利性医院就医。这一选择是自由的，[⑤] 但也有一条例外：《社会保障法典》第 L. 162-20 条规定受基础医疗保险保障的参保人必须在公立医院就医。

---

① Rebecq G. La parcours de soins institué par la loi du 13 août 2004, cinq ans après. RDSS, 2009: 610.

② 例外的情况可参考：《社会保障法典》第 R. 322-1-1，D. 162-1-6 et，D. 162-1-7 等关于追加基础参与费用的条款。

③ 《社会保障法典》第 L. 126-26 款。

④ 《社会保障法典》第 L. 162-5-3，R. 322-1-1 与 D. 162-1-6 至 D. 162-1-8 等条。

⑤ 1970 年 12 月 31 日法第一条规定：“除关于社会救助的特别立法外，患者自由选择医生及医疗机构的权利是我国健康立法的根本原则。”

住院费用一般包括住院期间治疗费用[①]以及住院费用；后者可细分为住宿费用、药物费用、输液费用、使用“大型器械”的费用（比如使用手术室的费用）等。

政府应根据国家医疗保险费用规划，确立国家住院费用拨款，再向地方细分。以此获得的基金将由大区健康机构（Agence régionale de la santé）的主任根据经济指标再行分配。

根据《社会保障法典》第 L. 162-22-1 与 L. 162-22-2 条，医疗保险与私立营利性医院之间的关系一方面由一份为期 5 年、由国家—国家医疗保险机构—私立医院的工会代表三方签订的协议规定，另一方面也由一份每年根据由国家医疗保险规划确立的地方资金分配而签订的三方协议具体确定。[②]

住院费用的资金支持同样由定量及标准化的信息系统所确定；这一系统特别由信息系统医疗化计划（programme de médicalisation des systèmes d'information）[③] 完成。具体缴费时，参保人只需缴纳 20％的费用（基础参与费），而剩下费用将由第三方支付机构（tiers-payant）直接承担。但事实上，参保人还需要支付每日住院特定费用；这属于住院产生的住宿费用的参与费用。[④]

这一费用最初只有 3 欧元一天，而从 2010 年 1 月 1 日起，它就达到了 18 欧元（针对私人医院）或 13.5 欧元（针对医疗机构的心理服务部门）。所有超过 24 小时的住院情况均须缴纳每日住院费用（包括离院当天的费用）。[⑤] 对于住院费用基准在 91 欧元以上的情况，参保人也同样需要缴纳 18 欧元的每日特定费。

---

① 根据公共卫生法典 L6154-1 条规定，“在公立医院服务的利益不受影响的情况下，在公立医院中全职受雇的医务人员及能负责医疗机构服务的跨医院工会可以同时进行自由职业活动（…）”。公立机构中的自由职业活动实际上指一些医务人员能以私人身份进行问诊、治疗等活动。

② 最高行政法院 1999 年 12 月 17 日判决，见 2000 年《社会司法期刊》（RJS）第 204 号。

③ 《社会保障法典》第 L. 710-6 款。

④ 《社会保障法典》第. L174-4 款。

⑤ 《社会保障法典》第 L. 322-2，L. 323-3 及 R. 322-8 款。

针对不同的医疗机构、医疗服务的内容以及住院时间的长短，这一费用会有不同程度的减免。[①] 比如因生育而产生的住院费用完全由医疗保险中的生育保险部分承担；另外还有因医疗缘故中止妊娠、流产、新生婴儿住院（出生后30天内的住院），在有特殊许可的机构中住院的早产婴儿、身负残疾并在特殊的医疗教育机构中住院的婴儿和未成年人等情况，也会有一定程度减免。

第二节　企业职工的强制性补充医疗保险

为了加强全行业的“安全性”，法国的劳资双方代表决定建立“法国人的灵活安全性”，于是在2013年1月11日签订了跨行业的国家协议，要求企业雇主为其员工强制性地提供补充医疗保险，用来报销职工的医疗费用，具体的补充医疗保险由雇主来选择和实施。这项举措，刺激了市场[②]，带动了社会保障的活力，并被录入2013年6月14日《保护就业法案》的第1条，同时并入《社会保障法典》。[③] 国家立法同时选择了规范管理劳资双方在这方面的活动。

一、适用范围

普及化的补充医疗保险是报销基本医疗保险制度覆盖范围外的医疗费用。补充医疗保险的权益取决于参保人的职业状况，现在或以前只有一部分的职工享有补充医疗保险。

2013年6月14日强制推行补充医疗保险的法案旨在为那些“没有享受到集体性补充医疗保险的企业职工强制性地要求参保，提供因为疾病、生育或者事故而产生的医疗费用的补充报销”。

对于那些已经提供补充医疗保险的企业职工不受此项法案的影响，除非他们的补充医疗保险不符合法律规定的最低标准。

---

① 特定费用不适用的情况如夜间住院、少于24小时的住院、院外会诊、化疗、透析等。

②③ 2013年6月14日关于稳定就业的法律，Loi No. 2013—504 du 14 juin 2013，relative à la sécurisation de l'emploi，JORF 16 juin 2013.

同样，此项法案不适用于企业职工医疗保险的权益享有人，退休人员、待业人员可以遵照《社会保障法典》第 L. 911-8 款和“埃文斯（Evince）法案”第 4 条保留权益，在有关“权益转移”的规定下转至集体性的和补充健康保险合同中。

需要强调的是，只有劳资双方代表才可以确定工龄条件来规定补充医疗保险的准入门槛，对于医疗费用，其期限不可以超过 6 个月。所有固定期限合同的职工，如果其合同期限没有达到规定的工龄条件，则不能享受补充医疗保险。

二、立法保证

立法机关选择了适用于所有实施模式的、规范医疗费用补充报销的集体协商的一般性规则。立法部门还针对雇主单方面决定加入的补充医疗保险制度情况下，制定了最低报销标准等规定。

在创建补充医疗保险时有以下三项基本的法律规定。

第一，《社会保障法典》第 R. 242-1-1 款有关集体强制性补充社会保障的相关法律规定必须遵守，特别是《社会保障法典》第 R. 242-1-2 款第 4 项：补充医疗保险必须覆盖所有的企业职工，不过法律并不禁止按照“管理人员”/“非管理人员”进行分类保障。

第二，补充医疗保险合同需在“共济和责任”类别的合同中注明，并可享受社会保险费减免政策。定价条件也有规定，即保险费用不可以根据参保人的健康状况来确定，而是应该由健康人群和疾病人群共济分担；第二个条件规定了某些特别的付费指标，为的是让补充医疗保险机构也参与对健康费用的控制，并且遵照 2004 年 8 月 13 日颁布的法案规定的就医程序。所有的补充医疗费用报销都是可以“保留”的，即在享受失业保险期间和在失业后最多一年的时间里都可以保留。

第三，2013 年开始实行的《跨行业协议》。2013 年《就业安全法》（源自全国跨行业协议，Accord National Interprofessionnel，ANI）通过创建“一篮子补充医疗保险计划”将补充医疗保险普及全体雇员。“一篮子补充医疗保险计划”为企业雇员提供集体性的、强制性的、由企业负责的补充医疗保险合同，为他们提供除了基本医疗保险外最低的补充保障，并在2016年1月1日正式执行。“一篮子补充医疗保险计划”至少包含以下内容：

（1）补充医疗保险计划负担门诊治疗或药费中个人付费部分的全部，除了一些社保报销比例很低（15%）或较低的（30%）药品和服务，以及顺势疗法和温泉疗法这三种情况；

（2）住院费用个人付费部分的全部，并且无住院时间长短限制；

（3）牙科和整形外科医疗费用（不低于125%的社会保障报销标准）；

（4）配镜服务，报销标准根据视力水平决定。一般每两年可以在一定标准内报销一副镜架和一副镜片，但青少年或视力两年内发生变化的情况不受这“两年”的限制。最低报销标准为：单光镜片和镜架为最低100欧元，多焦镜片和镜架为最低200欧元，混合镜片和镜架为150欧元。关于隐形眼镜没有具体规定。

根据2014年11月18日法令，企业集体性的补充医疗保障制度可以享受减收保费的优惠，费率从正常的14%降低至7%（见图4—1）。

推行补充医疗保险的最初目的是鼓励被保险人遵循医疗程序的基础上减少社会卫生支出，今天仍旧如此。现行法律框架下的补充保险合同仍禁止将“1欧元”医疗参与费和不遵从医疗程序的就医罚金纳入报销范围。

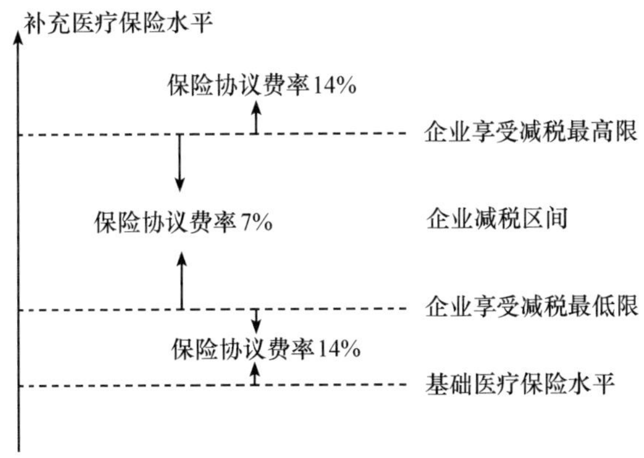

图4—1　补充医疗保险减税示意图

第三节　生育保险和产假津贴

生育保险和产假津贴经常被定义为医疗保险的“近邻”，生育保险保障的首先是孕期妇女[①]和她们即将出生的孩子，是家庭补助政策[②]和公共卫生政策的一部分。同时，要享受津贴，某些医疗检查是强制性的。有关津贴补助，也就是替代收入，也要平行参考《劳动法》有关产假和孕期妇女劳动禁令方面的规定。自 2002 年[③]以来，陪护产假继续补充进生育保险：如果孩子父亲是参保的企业职工，他可以享受到陪护假期和与生育保险[④]规定一致的休息补贴金。

很多集体协议提供了很有利的妇女生育产假。同样父母产假也由协议条文进行了补充，给予父母在孩子出生或领养时能享受到的带薪假期。

值得注意的是，生育和陪护保险的资金来源不是个人化的：医疗保险费和一般性社会分摊税是其主要的经费来源。

一、实物赔付

生育保险的实物赔付的特点首先是根据服务的性质，每个人享受到的赔付会有所不同。实物赔付的对象是女性参保人、参保人[⑤]女性配偶或者与参保人签订同居协议的女性伴侣，以及依然由参保人[⑥]抚养的女儿。参保人必须提供就业的最低期限证明或者医疗保险[⑦]要求的类似证明文件。

生育保险的享受起始期规定在孕期伊始，由医生[⑧]提供的医学证明来界

---

① 根据社会保障法律相关规定，怀孕妇女可以根据情况选择休假，医疗保险机构按照一定标准发放补贴。不过社会保障法律也规定了，她必须在孕期 14 周前履行怀孕申报，进行第一次孕期检查并提交相关文件。参考《社会保障法典》第 R. 534-1 款。

② Dessaint J. Assurance-maternité et politique familiale. Dr. Soc，1948：316.

③ 2001 年 12 月 21 日第 2001-1246 号法律，第 55 款。

④ 《社会保障法典》第 L. 331-3 款。

⑤ 最高法院民事第二庭，2003 年 6 月 10 日，第 01-21273 号案宗。

⑥ 《社会保障法典》第 L. 331-1 款。

⑦ 《社会保障法典》第 R. 313-1-3 和 R. 313-2 款。

⑧ 《公共卫生法典》第 R. 3131-1 款。

定。生育保险的实物赔付包括生育的医疗费用、药品费用和住院费用，也包括未来母亲[①]孕期的医学检查费用，未来父亲[②]的医学检查费用，新生儿[③]和母亲的产后检查费用。与生育相关的药品费用根据医疗保险局[④]规定的基本包干费用予以报销。

生育保险的实物赔付里没有设定“自付费用”[⑤]：对于参保人而言，生育保险比医疗保险更加有利。

生育保险的实物赔付是对“正常”孕期提供的赔付。如果出现“病理性孕期”或者“病理性生育”的情况，那么就属于医疗保险[⑥]提供的实物赔付范围了。医疗保险局主管的医疗服务机构负责确定所得的疾病是否与妊娠有关，或者只是疾病刚好发生在孕期。无论什么情况下，孕期若出现流产，或者处理不能存活胎儿的医学干预，依然是生育保险的覆盖范围。[⑦]

二、现金赔付

生育保险的每日津贴的享受对象是孩子母亲和享受陪护假期期间的孩子父亲，由《劳动法》第 L. 1225-5 和 L. 1225-6 款规定。

1. 生育保险

生育保险的现金赔付旨在弥补（职工[⑧]）职业活动暂停期间，比如孕期的收入损失。职工在预计的生育期前必须满足最低的，至少 10 个月的参保期

① 《公共卫生法典》第 L. 2122-1 款。

② 《公共卫生法典》第 L. 156 款。

③ 《公共卫生法典》第 L. 154 款。

④⑤ 《社会保障法典》第 L. 331-2 款。

⑥ 《社会保障法典》第 L. 332-2 款、第 R. 331-2 和第 R. 331-6 款。这种情况不可以和同一雇主条件下的工龄条件混淆。

⑦ 参见 2009 年 10 月 19 日《内部通讯》(Circ) 第 N. DHOS/F4/2009/319 期关于医疗机构结算的相关规定。

⑧ Saint-Jours Y.Le substrat téléologique du droit de la sécurité sociale，à propos de l'arrêt Madame Morales. 最高法院全体大会，1992-03-10。

限[1]和最低的劳动期限以及缴费金额[2]或者一些特定的就业期限。[3]《社会保障法典》第 L. 331-7 款规定某些人员，比如母亲逝世情况下的孩子父亲或者某些养父母，也可以享受此项津贴。

每日津贴的享受时间根据已出生或者即将出生孩子的数量（多胞胎），母亲的健康状况或者需要住院治疗的新生儿[4]的情况而有所不同。最低的享受期限是 16 周，包括生育前 6 周和生育后 10 周。领养情况下的假期与生育休息的假期时间类似，如果仅男方收养，他可以选择享受全部或部分的假期。[5]

每日津贴的金额[6]与参保人的净额指数工资一致。原则上，也与产假前 3 个月的平均工资相当。[7] 但是，每日津贴是设置有最低线和封顶线的。[8] 反重叠条例限制了某些条件下的金额[9]。最终，企业雇主可以保有职工全部或部分的工资。[10] 工资的保留水平可以是雇主单方面的决定，但更多的是由集体劳动契约规定的。

此外，在收养假期期间，发放给参保人的每日津贴，还要遵照省级儿童社会救助或者对合法收养儿童的相关规定。[11] 当夫妻双方都有工作，每日津贴可以发放给其中一人也可以两人共享。

---

① 《社会保障法典》第 R. 331-3 和第 R. 331-6 款。

② 在权益审核期前 6 个月（90 天）已经在至少 1015 倍小时最低工资基础上缴纳了社会保险费用。

③ 在权益审核期前 3 个月或者 90 天内至少已经工作 200 个小时；最高法院社会庭，1996 年 10 月 10 日判决，见《社会联系期刊》(Liaisons soc.)，NO. 7540；最高法院社会庭 2001 年 5 月 17 日判决，见《公报》(Bull. V)，NO. 176。

④ 《社会保障法典》第 L. 331-3 款至第 L. 331-6 款。

⑤ 《社会保障法典》第 L. 331-7 款。

⑥ 对于这些津贴的税务条例，参考 1998 年 4 月 9 日财务与税务部介绍，BOI 4 F-1-98 1998 年 4 月16 日。

⑦ 此条适用于按月领薪员工《基本每日津贴》相当于停工前 3 个月工资的 1/90。

⑧ 最高法院民事第二庭 2003 年 12 月 9 日判决，No. 02-30804。

⑨ 生育保险的每日津贴不可以与失业金重叠领取（《社会保障法典》第 R. 331-5 条和第 R. 323-11 条）。

⑩ 最高法院社会庭 1998 年 6 月 25 日判决，见 1999 年《工人法》(Dr. Ouvrier)，第 156 页。

⑪ 根据《劳动法》第 L. 1225-17 款规定，收养家庭必须证明在领养孩子前 6 个月已经在至少 1015 倍小时最低工资基础上缴纳了社会保险费，或者在前三个月内至少工作 200 个小时。

2. 陪护假期和儿童接待

在孩子出生后，父亲可以享受“陪护假期”[①]，但《劳动法》规定在劳动中断期间，原则上是没有薪酬的。那么作为参保人的孩子父亲可以享受休息期的津贴补助，津贴金额的计算方法和产假相同。[②] 当出现多胞胎的情况时，这项津贴的发放最大期限是 11 天或者 18 天。[③]

为了照顾到新的家庭模式，2012 年 12 月 17 日的第 2012—1404 号法案[④]将陪护假期发展成了“陪护假期和儿童接待”。新法案扩大了孩子父亲的概念：母亲的伴侣，母亲的同居协议签署伴侣或者与母亲同居的人，都可以申请。[⑤] 此后，孩子的父亲和与孩子母亲共同生活的伴侣——如果此人也是基本社保制度的参保人，都可以享受陪护假期。

受益人必须满足以下几个条件：

(1) 陪护假期，原则上在孩子出生后 4 个月内休完；[⑥]

(2) 陪护假期的申请要提前 1 个月递交；[⑦]

(3) 尊重反重叠条例，尤其是在享受失业金的情况下，或者在享受儿童看护津贴的情况下。[⑧]

在陪护假期期间享受到每日津贴水平与基本津贴水平相当。根据假期前 3 个月（如果是季节性或不稳定的工作，根据前 12 月的收入计算）的工资水平测算，同时不可以超过当年社会保险月收入封顶线水平。

---

① 《劳动法》第 L. 1225-35 s 款。同时参考 Devers A. Qui fait l'enfant a droit au congé de paternit. Dr. fam. 2008 (3)：37.

② 《社会保障法典》第 L. 311-3 款。

③ 假设孩子出生时未能存活条件下的案例，第二民事法院 2008 年 10 月 16 日判决，见《工人法》(Dr. Ouvrier) 2009 年第 110 页，由 Ginon A. S. 记录。

④ 2012 年 12 月 18 日《法国官报》(JO)。

⑤ 《劳动法》第 L. 1225-35 款。

⑥ 《劳动法》第 D. 1225-8 款。

⑦ 《劳动法》第 L. 1225-35 款。

⑧ 《社会保障法典》第 L. 331-8 款。

第四节　残疾人保险

直到退休那一天，每个人通过劳动赚取收入的能力大概是他最重要的资本之一。然而因疾病、职业外的原因引起的过早劳损都将造成收入损失，而且职业原因引起的永久性劳损也可能在相关补偿发放完毕后进一步引起收入下降的问题。残疾保险的目的[①]正在于补偿以上所有损失。[②] 先天残疾人、工伤事故受害人、战争致残人虽然与一般残疾人的情况相似，但都享受特别制度规定的权利。

我们首先关注残疾人保险的适用范围，这也是伤残保险的首要问题[③]（见第一部分）；其次，我们介绍保险金的数额，它是根据丧失劳动能力程度而定的（见第二部分）。

一、残疾人保险金发放的条件[④]

作为一种收入替代保险，残疾人保险只涉及参保人自身，而不包括他们的权利继承人。法国的一般社保制度把残疾人保险设定为医疗保险的进一步延续。参保人必须符合一定的医学条件和行政条件才能被认定为是残疾人。

（一）医学条件

在残疾程度方面，参保人应丧失了至少三分之二的劳动能力或赚取收入的能力。[⑤] 换句话说，参保人的收入水平应是他残疾之前所工作的领域内同一大区的平均工资水平的三分之一或以下。在评估残疾级别的过程中应同时考虑剩余的劳动能力、一般的健康状况、年龄、身体及精神状况、劳动能力的

---

① 《社会保障法典》第 L. 341-1s 款。

② 《欧洲社会保障法典》第 54 款。

③ Melennec L. L'indemnisation du handicap. Pour l'instauration d'un régime unique de l'invalidité et de la dépendance，Desclée de Brouwer，1997.

④ Legouhy M. -ML'assurance invalidité du régime général de la sécurité sociale. RPDS，2008：161.

⑤ 《社会保障法典》第 L. 341-1、R. 341-1～R. 341-3 等款。

发展方向及职业培训水平等。[①]

一般来说，残疾的原因不重要；但是因参保人故意过错导致的疾病、伤害和残疾将得不到钱财上的补偿。[②]

残疾级别的评定时间并不统一。[③] 如果残疾发生在登记就业之前，发放社保金通常是在参保人从事就业或经营活动期间，[④] 在残疾情况刚被确定或加重了[⑤]的时候。评定的工作可由参保人的选定医生完成；初级医疗保险基金管理机构的顾问医生监督整个评定过程。

（二）行政条件

残疾人保险金发放的行政条件共有四类[⑥]：

1. 受残疾人保险保护的残疾应是由非职业的疾病或意外引起的；

2. 残疾人保险仅适用于未达到法定退休年龄的参保人；达到法定退休年龄后，若参保人无法工作，社保机构将发放一份养老金；[⑦]

3. 参保人参加社保的时间也应至少在停止工作之月的首日的一年前；

4. 参保人还应在一定时间内参加过工作，他应证明自己或者缴纳了一定数额的社保金，或者被雇佣，或者其他类似工作[⑧]的时长超过了一定界限。

认定残疾状况的时间要么是在意外引起的伤害不再变化之后，要么是在医疗保险的保险金发放完毕之后（最长三年），要么是在参保人身体状况稳定之后（如果这时医保保险金的发放时限仍未到），要么是在医生确定构成残疾

---

① 《社会保障法典》第 L. 341-3 条第 1 款。

② 《社会保障法典》第 L. 375-1 条。

③ 《社会保障法典》第 L. 341-3 条第 4 款以及法院多次的判决，比如，最高法院社会庭 1994 年 3 月 24 日的判决，见《公报》（Bull. V）第 73 页。

④ 最高法院社会庭 1976 年 5 月 13 日的判决，见《公报》（Bull. V），第 283 号；最高法院社会庭 1999 年 3 月 14 日的判决，见《社会司法期刊》（RJS）第 584 号.

⑤ 最高法院社会庭 1999 年 3 月 14 日的判决，见《社会司法期刊》（RJS），4/99，No. 584.

⑥ 外国劳动者必须证明其居留合法，《社会保障法典》第 L. 161-16-1 款。

⑦ 《社会保障法典》第 L. 341-15 条

⑧ 某些失业者也可以申请残疾人保险，见《社会保障法典》第 L. 311-5 款。

之时（如果残疾类型属于劳损[1]）。在最后一种情况中，即便社保机构从未发放任何医疗保险金，参保人也可以申请立即获得残疾保险金。

一般来说，初级医疗保险基金管理机构在参保人的状态稳定后或每日医疗补贴发放完毕后会直接将医保补偿转换为残疾保险金。如果它没有主动发放，参保人可以提出申请。[2]

二、残疾人补贴

残疾人补贴有两种，一种是残疾人日常生活补助；如果被保险人符合一定的收入条件，可以领取另外一种补充残疾津贴。

有一些残疾补贴项目是在获得终身残疾津贴（pension d'invalidité）的条件下才可以享受。残疾人本人以及他们的配偶（或合法同居者）同时享受疾病和生育保险的医疗服务，以及相关的肢体机能训练和重新安排就业等服务。

医疗保险发展高等理事会（Haut conseil pour l'avenir de l'assurance maladie，HCAAM）最新报告强调指出，“残疾保险中补偿条件很重要，它具有长期偿付的风险，而短期的病休却较少考虑在内”。[3]

（一）残疾人日常生活补助

残疾人日常生活补助是发给符合条件的残疾人的。受益者死亡后，其配偶在一定条件下可以继续领取鳏寡残疾补助。

1. 残疾补助

按照残疾等级可以分为三种残疾补助[4]：第一类残疾补助是发给那些身体条件允许从事有酬劳动的人，发放标准为参考期工资的30%；第二类残疾补助是发给不能从事任何职业活动的人，发放标准为参考期工资标准的50%；第三类是发放给那些不能从事任何职业活动，并且日常生活需要别人照顾的

① 《社会保障法典》第L. 341-3款。

② 《社会保障法典》第R. 341-8款。

③ 疾病保险发展高等理事会（HCAAM）. 2008年2月28日疾病保险（除生育和工伤保险）中关于现金补助的建议. 法国最高法院简报，2009（70-71）：68.

④ 《社会保障法典》第L. 341-1款。

人，残疾补助的发放标准为参考期工资标准的 50%，在此基础上增加 40%的残疾补助作为护理补助。①

以上提及的用于计算残疾补助的“参考期”工资是指在社会保险缴费工资基数中最高的十年中的年均工资，这种计算方法对被保险人领取补助最有利。②

残疾补助还根据残疾等级不同规定有最高限额。此外，按照相关规定③，残疾补助不能低于最低老年津贴（Allocation aux vieux travailleur salariés）。在残疾补贴受益人住院期间，补贴也相应降低。

残疾补贴具有暂时性的特征，在必要时可以重新审核受益人的条件，可以因医学或行政手续等原因中止。④

2. 鳏寡残疾补助

领取残疾补助的受益人死亡后，其配偶可以享受鳏寡残疾补助。⑤ 根据具体情况不同，它的计算方式有三种：第一种计算方式，死亡的被保险人生前如果属于第二类残疾类别，其配偶在其死亡后领取原残疾补助金的 54%；第二种计算方式死亡被保险人生前如果身体状况不允许其工作，社保基金也发放 54%的鳏寡养老金，其基数为医疗保险基金发放的无工作能力补助（revenu d'inaptitude)；第三种计算方式，以死亡被保险人应得养老金为基数，按照 54%比例发放。⑥

（二）补充残疾津贴

补充残疾津贴实际上是一个“最低社会保障金”，是发放给那些残疾补助金很低的人。2004 年 6 月 24 日第 2004-605 号条例规定⑦，补充残疾津贴的发放对象是参加残疾保险或养老保险，并未达到享受老年团结津贴（Allocation

① 《社会保障法典》第 L. 341-4 款。

② 这十年需在 1947 年 12 月 31 日以后。

③ 《社会保障法典》第 L. 341-5 款。

④ 《社会保障法典》第 L. 341-9、第 L. 341-11 以及第 R. 341-3 款。

⑤ 《社会保障法典》第 L. 342-1 款。

⑥ 《社会保障法典》第 D. 342-1 和 L. 342-3 款。

⑦ 关于补充残疾津贴和其他津贴可同时领取的规定于 2006 年 1 月 1 日正式生效。

de Solidarité aux Personnes âgées，ASPA）的年龄，并且满足残疾的条件，也就是最少 2/3 的工作能力（或收入）丧失[①]，居住在法国本土或海外省[②]，收入低于战争鳏寡养老金水平。补充残疾津贴的金额等于特殊军人鳏寡补助金，它可以同残疾人日常生活补助、转移补助、鳏寡老年补助、特殊情况下提前退休补助同时发放。

补充残疾津贴不以国籍为受益条件，有合法居留身份的外国人也有权享受。补充残疾津贴的最高标准按照家庭结构的不同而异，[③] 补贴形式也有所不同。

补充残疾津贴是给收入水平低于一定标准的人发放。只要满足相关条件，受益人可以同时享受包括补充残疾津贴在内的福利。不过，当受益人的年龄符合领取老年人团结津贴（ASPA）的年龄条件时则自动终止。[④]

补充残疾津贴的发放由基本医疗保险机构（被一般社会保障制度覆盖的人口）或其他特殊基金或委托机构[⑤]发放，所有支出随后由国家报销。

---

① 参考《社会保障法典》第 L. 815-24 和 L. 815-25 以及 R. 815-58 款。如果一个人被认定可以终身领取某项基本残疾补贴则可被认为具备领取补充残疾津贴的残疾资格。

② 《社会保障法典》第 L. 815-24 款、第 L. 815-29 款、第 R 815-78 款、第 L. 815-12 款以及第 R. 115-6 款。

③ 比如，夫妻二人可以领取 7385.22 欧元/年的补充残疾津贴。见 2008 年 8 月 12 日全国养老保险管理机构（CNAV）主办的《内部通讯》(Circ.)。

④ 《社会保障法典》第 L. 821-1-1 及第 L. 821-1-2 款。

⑤ 1993 年 7 月 22 日第 93-936 号法律创建的特殊残疾津贴（Le fonds spécial d'invalidité，FSI）自 1994 年 1 月 1 日起，在达到一定年龄退休后由全国团结基金（fonds national de solidarité，FNS）替代。

第五章

养老保险制度

“养老保险是对超出规定年龄以后的生存保障”，[①] 它保障参保人在达到规定年龄且不再工作后的收入来源。法国企业职工的养老保险制度提供“确定型的养老金”：它规律性地向参保人发放养老金，一直到参保人死亡，并在所有参保人、缴费者和享受者中分摊风险。制度的筹资原则是对征收来的年度总收入的再分配，缴费义务是强制性的，是一种现收现付性质的养老制度。

法国企业职工的基本养老保险制度实行再分配式的管理：在一定期限内缴纳的保险金用于支付同段期限内的养老金，退休人员收到的退休金直接来源于在职员工的强制性缴费预提。现收现付制的企业职工基本养老保险制度是鲜有结余的。[②] 制度必须保证每个年度的缴费收入与养老金支出的平衡。

法国的基本养老金的金额是相对较低的，即使对那些高薪酬职员也是一样：因为基本养老金有“封顶线”的限制。在最好的经济环境下，基本养老金也不可以超过社保封顶线一半的水平。[③]

当达到退休年龄后，企业职工基本养老保险制度[④]的参保人除了可以获得基本养老金外，还可以获取一份或多份补充养老保险金，在法国存在着多个

① 见 1990 年 11 月 6 日修订的《欧洲社会保障法典》第 26 条。

② 与基本养老保险制度的总预算相比，这项金额是微不足道的。

③ Thiveaud J. M. Sur l'histoire des pensions de retraite en France. REF，1997：151.

④ 非雇用制以及非国家公务员制的劳动人员也有强制性的补充养老保险，这里仅介绍企业基本社会保险制度范围内的强制性补充养老保险制度。

法定基本养老保险制度和多个协议性的补充养老保险制度。

企业职工的补充养老保险制度是多种多样的。[①] 这种大量的补充养老保险是行业内部或者不同行业间的养老制度之间互相共济协调的结果。1947 年 3 月14 日通过的两个集体协议特别确定了对管理阶层员工的补充养老保险制度的组织方式。集体协议的签署方，一方是法国企业主全国委员会，另一方是高级工程师与管理人员组成的国家联盟、工程师和管理人员组成的全国联合会。[②] 第一项集体协议的目标是保留员工在参加社会保险制度前已享有的所有社会权益，第二项集体协议是建立管理人员的补充养老保险的国家行业契约。

第二项集体协议建立了现收现付的补充养老保险制度，并通过雇主贡献的 1.5％的强制性预提，为原先没有照顾到的管理层员工建立了“优先提供死亡抚恤金”的强制性的补充保险，同时还建立了自愿性的企业退休再补充制度，企业主可以自由选择建立更多的补充养老金制度。[③]

在国家干预的影响下，法国企业主全国委员会与多个雇员代表组织共同协商，并于 1961 年 12 月 8 日签署了全国性的行业契约（集体合同），旨在广泛提高非管理层员工的补充养老保险待遇，通过协调机制保证各种退休制度的可持续性。因此补充养老保险制度的协会（ARRCO）[④] 应运而生，它的主要工作任务是实现不同退休制度的协调与资金平衡。

1972 年 12 月 29 日的法案继续扩大了补充养老保险的享受范围：企业职工的补充养老保险成为强制性的制度。所有的企业都必须为它的职工购买一

---

① Lyon-Caen G. Problématique juridique des régimes complémentaires de retraite. Les régimes complémentaires de retraite par répartition，1965：21.

② Friot B. Un salariat avec des cadres et sans épargne：les enjeux de la naissance de l'AGIRC. Sociétés contemporaines，1995（24）：65.

③ Hecquet P. Les systèmes de retraite d'origine conventionnelle：leur origine，leur développement. l'histoire de la sécurité sociale，1990：173、178. 这项制度是为了减轻雇主因疾病风险引起的成本负担，这项服务后来由医疗保险承担，以前是由多个雇主共同承担的。

④ 企业职工退休经办机构国家联盟（L'UNIRS）由 1957 年 5 月 15 日的协议确定成立；是企业职工补充养老保险（arrco）的主要组成机构之一；l'UNIRS 于 1999 年 1 月 1 日并入企业职工补充养老保险（arrco）机构。

种强制性的补充养老保险。这些补充养老保险的经办机构几乎都是企业职工强制性补充养老保险（ARRCO）和/或企业管理人员强制性补充养老保险（AGIRC）[①] 的联合协会成员。

本章内容主要介绍强制性的基本养老保险制度和强制性的补充养老保险制度，这两个层次的养老金构成法国退休职工的收入来源。

第一节 强制性的基本养老保险制度

我们首先从申请退休金的条件开始逐步展开，再介绍企业职工养老保险制度的优点。

一、申请退休金的条件

在法律上，首先对申请退休的最低年龄有相关要求，申请人也必须终止职业活动。

（一）可申请退休的法定年龄

必须强调的是，“退休年龄”是一个准入概念。在法律上，并不强迫职工必须在某个年龄终止其职业活动。

1981 年以来，可申请退休的最低年龄是 60 岁，但是最新法令延长了退休年龄。按照渐进延长退休时间表[②]规定，自 1955 年以后出生的人口，他们的退休年龄将逐步地向后延迟。同时，所有企业职工可申请退休的最低年龄在 2017 年（而不是 2018 年）被延迟至 62 岁。而且，在劳动年限不足的情况下，可以享受全额基本养老金的年龄是 67 岁。

需要注意的是，不在最低年龄强制退休的规定导致参保人必须自己提出退休申请，核定其退休权益[③]并且提供年龄证明。

---

① 在企业管理层员工补充养老保险（AGIRC）和企业职工补充养老保险（arrco）以外，极少有强制性经办机构，如法航公司的 CRAF（法航员工养老保险）或者 CRPNPAC（航空业和民航员工养老保险）。

② 《社会保障法典》（CSS）第 L. 161-2-1-9 款；《改革条例》2011—2034，2011 年 12 月 29 日修订版。

③ 《社会保障法典》（CSS）第 R. 173-4 款。

（二）职业活动的终止

原则上，养老金的支付从职业活动终止时开始。但是，在某些行业的就业—退休的重叠积累是可能的。

1. 原则：职业活动的终止

根据通行的法律辞典的解释，退休是指“所有终止职业活动的劳动者，在他隶属的机构（社会保险经办机构，补充养老保险机构等）”获取养老金。

养老金的支付需要职工出示由雇主提供的劳动合同终止证明。① 如果达到退休年龄的条件，职工可以主动提出退休申请，雇主方面也可以通过解雇或者主动提出让员工退休的方式来要求员工退休。但是原则上，员工 70 岁以前，② 其劳动合同不可以自动终止。

2. 就业—退休的积累

从事一些“收入不高”的职业的人，即每月工作时间 169 小时，劳动收入在最低工资的 4 倍线以下的人，以及艺术从业人员、知识分子均可以在退休后继续就业，也就是就业和退休双重状态。至于其余职业，根据退休权益是否得到审核结算以及是否领取全额退休金另有规定。

如果参保人所参加的所有强制性退休权益得到审核结算并且是全额退休，那么他就没有就业限制。也就是说，如果参保人已经在他所隶属的所有强制性的基本和补充养老保险机构里核定并结算了他的养老金，那么此参保人在退休后，可以在所有的单位机构（以其他身份也可以）继续从事职业活动。

二、对养老保险的缴费贡献

这里必须区分参保人的权益和未亡配偶的权益。

（一）参保人的权益

退休人员养老金的结算是一个复杂的过程，必须汇集此参保人之前所有职业生涯的信息，并且对于“多种制度退休人员”，要汇集多种强制性基本养

---

① 《社会保障法典》（CSS），第 L. 161-22 款，第 R. 352-1 和 R. 634-3 款。

② 《劳动法》（C. trav），第 L. 1237-5 款。

老保险制度的信息。

《社会保障法典》第 L. 351-1 和 R. 351-2 款规定，由企业基本养老保险局承担经办参保人申请退休的审核结算业务。

基本养老金的核算由以下几个因素决定：应缴费年限，实际缴费年限，年平均工资和替代率。

具体核算公式如下：

$$P = T \times SAM \times D / M$$

其中，P 为基本养老金；SAM 为年平均工资参考值；T 为结算的替代率，根据养老保险的缴费年限而不同；D 为参加基本社会保险制度的保险年限，由季度数组成，称为“实际缴费季度数”；M 为最大的应缴季度数。

可以看出，保险的缴费年限是决定基本养老金金额的重要条件。没有最低保险年限（在社会保险国际法中称之为“见习期”）或者至少一个季度数的缴费贡献等方面的要求。

基本养老金的测算有四个步骤：（1）年度平均工资的计算，（2）找出适用的替代率，（3）根据参加基本社会保险制度的保险年限，得出比值。（4）多种措施对结果修正。

1. 年度平均工资的计算

年度平均工资是通过选取参保人职业生涯中“最好 25 年”的工资收入[①]来计算平均值。

《社会保障法典》第 L. 351-3 款规定了参保人职业生涯中某些不可能工作的时期能够视同缴费的情况：疾病，工伤或者领取失业金的时期。

根据《社会保障法典》第 L. 351-3 和 R. 351-12 款，参保人在符合劳动法第 L. 351-2 条规定的失业情况时还可以享受替代收入，那么这段享受替代

① 《社会保障法典》(CSS)，第 R. 351-29 款。

收入的时期仍然被视作有效的基本养老保险制度的保险期限①，其养老权益不会中断。否则，只能是连续的职业活动才可以被视作有效的基本养老保险的保险期限。②

另外，为了能够比较参保人职业生涯的不同工资水平，可以根据每年1月1日确定的系数来进行调整。③ 这些系数是由企业职工基本养老保险制度的管理机构确定，能显著影响最终的养老金金额。

2. 适用的替代率

我们要区分“全额替代率”“降低率”和最小率。

（1）全额替代率

全额替代率是50%，享受全额替代率有两种方式：满足缴费年限的条件或者满足一定的年龄条件。即：全额替代率适用于达到或超过“核定有效”的缴费季度数的参保人；全额替代率适用于年龄达到法律规定的“享受全额退休金的年龄”的参保人。

以前这一年龄规定在65岁及以上，后来《社会保障法典》第L. 161-17-2款规定，将可申请退休的年龄往后延迟了5岁，④ 那么能够享受全额退休金的年龄也随之往后顺延。

（2）降低率和最小率

自2014年以来，降低率适用于没有达到享受全额退休金条件的参保人，按照每年1.25%进行“减分”（每缺少1个缴费季度数就扣除0.625个百分点）；基本养老金的最小替代率是37.5%。⑤

3. 基本养老金的比例

这个比例主要考虑参加企业基本养老保险制度的缴费年限。它有一个最

---

① 见1996年6月6日社会法庭（Soc.），社会联系（Liaisons soc）. 1996年7月24日，第7501号。

② 见1994年4月28日社会法庭（Soc.），RJS 6/94，第760号文件。

③ 《社会保障法典》（CSS）第L. 351-11和R. 351-11款。

④ 《社会保障法典》（CSS）第L. 351-8款。

⑤ 国家企业养老保险总局期刊（Circ. CNAVTS），2004年4月5日，第2004/17号文件。

大的缴费年限，通过季度数来计算，并根据参保人的出生年度会有所不同。[①]企业基本养老保险制度的参保人，如果他的缴费年限低于最大年限，那么他的基本养老金会根据其实际缴费年限与最大缴费年限的比值进行核算，我们也称之为“比值养老金”。在这种情况下，此参保人可能参加了其他的养老保险制度，他会收到其他制度的基本养老金。

此项降低养老金的因素是不可忽视的。实际缴费年限和应缴费的最大年限被2003年8月21日的《养老保险改革法案》[②]确定为计算养老金重要条件。

4. 多种修正措施

对于退休人员，有最低收入保障的理念（最低养老金金额）或者考虑退休人员的特殊负担。

最低养老保障是基本养老金的“最低金额”，适用于合法缴费的参保人（按照出生年月，满足160至172个缴费季度数）或者那些超过可享受全额退休金年龄的参保人（65至67岁之间），无论此退休人员除养老金外的收入情况如何，如租金收入、资本收入、劳动收入情况。

此外，某些情况能够导致养老金的增加。《社会保障法典》第L. 351-12款规定有孩子的参保人（养育至少3个孩子），在计算他的养老保险金的累积上限和在享受复归养老金（未亡配偶享受已亡配偶参保的部分养老金）[③]的时候能够增加10%的养老金。根据孩子数量来制定的养老金增加措施是种对家庭的鼓励政策，旨在通过对参保人退休时的额外补贴来平衡多孩子家庭的经济负担。[④]

对基本养老金的数学计算中一项最重要的修正措施是企业基本养老保险

---

① 国家企业养老保险总局期刊（Circ. CNAVTS），2007年6月15日，第2007/47号文件。

② 《社会保障法典》（CSS）第R. 351-6款。

③ 《社会保障法典》（CSS）第R. 531-30款。

④ 宪法委员会（Cons. const）. 2001年12月8日，第No. 2001-453 DC。

制度中有关退休人员养老金封顶线，也称之为“最高基本养老金”的规定。除了享受“加分”的情况，基本养老金不能超过基本社会保险制度封顶线收入[①]的50%。

基本养老金是可做升值调整的，且多种调整机制并存：参保人的养老金可以根据其工资或者工资封顶线来进行提高。《社会保障法典》第L. 161-23-1款规定调整系数根据物价变化来确定。

（二）未亡配偶的权益

“当承担家庭生计的一方配偶死亡时，未亡配偶可以享受复归养老金来弥补家庭遭受的收入损失”。[②]

我们通常讲复归养老金其实是一种“衍生权”，即社会福利金的受益人可以是与社会保险参保人有关系的另外一个人。当配偶一方死亡时，未亡配偶可以享受到死亡配偶参保的部分养老金。就像社会保险控制和评估会与参议院社会事务委员会强调的那样“复归权益在今天显得有些复杂，因为它将资产和贡献的方式与社会福利模式相结合，而企业基本社会保险和其他社保制度的福利金水平又特别参考参保人的收入条件”。[③]

未亡配偶若想获得这项复归养老金，死亡配偶[④]（称为“先死配偶”）必须是企业基本社会保险制度的缴费者。[⑤] 无论死亡保险人的年龄如何、性别如何、死亡或者失踪原因如何，申请者只要拥有配偶身份并且符合收入和年龄

---

① 1949年2月24日第49/244号法案第2条。

② 《欧洲社会保障法典》(CSS européen)，1990年11月6日修订版。

③ Domoizel C.，Leclerc X. Transparence，équité，solidarité：les trois objectifs d'une réforme de la reversion. Rapp. Info. 2006-2007，第314号；évaluation et de contrôle de la sécurité sociale et de la commission des affaires sociales du Sénat，. 2007-05-22.

④ 《社会保障法典》(CSS)，第L. 353-2和R. 353-8款。

⑤ 《社会保障法典》(CSS)，第L. 353-1款。

条件即可。配偶的身份指的是有婚姻关系的未亡配偶[①]，仅仅签署同居协议[②]的双方是不可以获取复归养老金的。

收入的封顶线根据未亡配偶的生活条件而有所区别，一个人生活或是家庭生活[③]是不一样的。如果复归养老金的金额和受益人的个人或家庭收入超过了封顶线，那么复归养老金的金额会按照超出部分[④]进行削减；申请人的年龄也要求在 55 岁或以上。[⑤]

复归养老金的比例被确定为 54% 的先死配偶的养老金水平，但是不可以低于每年度确定的最低保障金额。如果已死亡的参保人已经为企业基本社会保险制度支付了 60 个缴费季度数，就可以享受这个最低金额。如果死亡参保人的缴费年限低于这个数值，那么这个最低金额会按比例削减。[⑥]

复归养老金也可以享受 11.10 %的增加金额，这是 2010 年 1 月 1 日起开始推行的新政策，条件是如果受益人达到法定退休年龄并且已经获得了退休权益。[⑦] 参保人的养老金总金额依然不可以超出收入封顶线，如果超出，其增额会相应削减。[⑧]

同样，对于有 3 个以上孩子的家庭，[⑨] 可以享受到 10%的增加金额。并

---

① 关于无效婚姻的假设（À propos de l'hypothèse d'un mariage nul）：CEDH 2009 年 12 月 8 日，Munoz Diaz c. Espagne，JCP S 2010. 1276 注释 Ph. CoursieR.

② 关于拒绝未亡配偶复归养老金的合法性（Sur la légalité du refus de pension de réversion aux concubins），2006 年 12 月 6 日，Ligori，AJDA 2007，no 3，142 页 L. Vallée 注释，；Ducrocq-Pauwels K，民法第 2 部分，2014 年 1 月 23 日，Revue Lamy 民法 2014 113，43 页。

③ 1 月 1 日起，个人年度收入封顶线是 2 080 倍的最低工资水平。家庭收入封顶线是 1.6 倍个人收入封顶线（《社会保障法典》D. 353-1-1).《社会保障法典》R. 353-1 说明了每季度收入封顶线的核定方法。

④ 《社会保障法典》(CSS) 第 L353-1、D353-1-1 款。

⑤ 《社会保障法典》(CSS) 第 L353-1 和 D 353-3 款。

⑥ 《社会保障法典》(CSS) 第 D353-1 款。

⑦ 《社会保障法典》 (CSS) 第 D173-1 款；国家企业养老保险总局期刊（Circ. CNAVTS)，2010/15，2010 年 2 月 10 日。

⑧ 《社会保障法典》(CSS) 第 D. 353-4 款。

⑨ 参见《社会保障法典》增额条件（les conditions de la majoration CSS)，第 L353-5 和 R353-9 款。

且，当未亡配偶达到65岁以后[①]其封顶养老金可以享受增加金额。

享受复归养老金的未亡配偶，还可以同时享受附加的残疾津贴或者老年人的共济补助金。[②]

未亡配偶和多个未亡配偶可以按比例分配复归养老金。分配原则按照每个未亡配偶与参保人的婚姻期年限，进行比例分配。

第二节　强制性补充养老保险制度

强制性补充养老保险，和企业基本社会保险制度一样，摒弃了资本储蓄式的原则，它根据现收现付的原则，在每个时期内，全体参保人缴纳的保费总额与所需要发放的金额总量（补充养老金总额）对等。[③] 根据强制性养老保险制度现收现付的模式，每个财政年度里征收来的保费总额直接用于每年度的津贴支付。因此，制度管理是保证每一阶段的资金收支平衡，而没有所谓的累积结余。[④]

强制性补充养老金的结算是通过积点来测算金额。最高法院诠释强制性补充养老保险制度是一种“在不同行业和代际之间共济互助的再分配式的养老制度”，这种模式的“养老权益与个人储蓄无关，但与参保人和其雇主对制度的缴费贡献有关，并且这种模式也不是将保险人的责任与被保险人的义务完全对等的保险制度模式”。

一、企业职工强制性补充养老保险（ARRCO）

我们逐步地介绍企业职工强制性补充养老保险（ARRCO）的适用范围、待遇水平和资金来源。

---

① 《社会保障法典》（CSS）第L. 353-6款。

② 国家企业养老保险总局期刊（Circ CNAVTS）2007/15，2007年2月1日，§ 12和152。

③ Reynaud E. Les différentes logiques de financement des retraites en répartition. Rev.. IRES，1994（15）：127.

④ Goubeault Ph. Réserves et engagements en répartition des régimes de retraites complémentaires AGIRC et ARRCO. REGARDS EN3S，2012（42）：116.

1. 企业职工强制性补充养老保险（ARRCO）的适用范围

《社会保障法典》第 L. 921-1 款规定，所有私营企业的全体职工，强制性地参加基本企业职工或农业社会保险制度的参保人[①]，包括管理层员工[②]，都是强制性补充养老保险制度（ARRCO）的覆盖范围。这种隶属关系在签订劳动合同之时就会注明。

2. 企业职工强制性补充养老保险（ARRCO）的待遇水平

根据审核的参保年限和某些“权益确认”条件来测算补充养老金待遇水平。然后结算和支付。

（1）获取条件

企业职工强制性补充养老保险制度（ARRCO）规定了审核权益的原则，即在某些条件下可以根据职业生涯的不同时期获取补充养老金。[③]

主要原则如下：

①在就业并缴纳社会保险费的期间；

②“过去的服务”时期，在这段时期里并没有缴纳社会保险费，比如，曾经在建立社保制度之前就消失的企业里工作的时期，在一定条件下，就属于这个范围；

③失业期或者可补偿的提前退休期内；

④因（疾病，残疾）而获得超过 60 天补偿的无法工作的时期；

⑤战争与和平时期服役期时期；

⑥临时拘押期；

⑦在企业基本社会保险制度允许范围内，为完成高等学业而可购买年限时期。

（2）补充养老保险金额

---

① 农业职员，在基本社保制度中，不是唯一的补充养老保险制度。

② 这项“普及化”分多步完成。1972 年 12 月 29 日的法令普及 ARRCO 制度和 1973 年 6 月 6 日协议决定将所有管理层员工并入制度覆盖范围内。

③ 我们也称之为“可确认的服务”。

补充养老保险是参保人职业生涯的反映。企业职工强制性补充养老保险（ARRCO）的金额，实际上是根据其缴纳的社保费换算成的“退休积点”来核算的。下面具体解释计算方法。

每年度缴纳的保险费总额（职工部分加雇主部分）除以获得每个“参考工资”积点所对应的基数，得出每年可获得的积点数量。由缴费获得的积点数量也考虑保留因（疾病，失业，战争……）而无法工作的时期的积点，或者在建立强制性养老保险制度之前的工作时期的重建积点数量。即：

积点总数＝缴费获得的积点数量＋非缴费时期获得的积点数量

我们要注意的是企业员工和雇主所支付的实际社会保险费是按照“上调费率”计算的，这个不是计算补充养老保险积点的缴费金额。

当退休的时候，累积的积点总数乘以积点值，得出年度补充养老金的金额。即：

补充养老金的金额 ＝积点总数×积点值

企业职工强制性补充养老保险（ARRCO）对至少有 3 个孩子的参保人的退休金进行奖励。条件是：每个孩子在其 16 岁前，至少有 9 年由参保人抚养。[①] 奖励的金额根据退休的不同的时期而有所不同。

2012 年 1 月 1 日起结算积点的退休人员可享受 10％的奖励额度；在 1999 至 2011 年间结算积点，并抚养 3 个及以上孩子的退休人员享受 5％的奖励额度；在 1999 年以前，隶属企业职工强制性补充养老保险局（ARRCO）的参保人结算积点，一般情况下，有 3 个及以上孩子的退休人员享受 5％的奖励额度。

然而，奖励额度是有封顶限制的，每年度的增额不可以超过 1 000 欧元。

---

① 抚养孩子的年龄是 18 岁，25 岁以下的学生，学徒，失业人员或者国家服役人员，没有年龄限制的残疾孩子；在引起待遇平等的诉讼后，1999 年的 ANI 已经普及了这项规定。一名职工从入职初期的工人岗位开始，进而荣升为管理层，当他在 1999 年 1 月 1 日以前申请退休时，他抱怨他处于工人身份的阶段没能享受到由于家庭因素导致的养老金增额部分，上诉法庭接纳了他的上诉意见，认为造成这种待遇差异的原因并不是由于雇主或者跨行业的联合机构缺乏对员工的平等待遇原则，而是由于补充养老保险制度的多样性和独立性造成的，不同的隶属机构和适用的法律标准会有所不同。

自 2012 年 1 月 1 日起申请退休的人员，如果仍然有孩子抚养，按每个孩子 5%的比例享受养老金增额。被抚养的孩子的年龄一般规定到 18 岁，如果他是学生、学徒或者不享受失业金的失业人员，这个年龄可以延至 25 岁。对有残疾的孩子，直到 21 岁前没有年龄限制。

3. 企业职工强制性补充养老保险（ARRCO）的资金来源

企业职工强制性补充养老保险制度（ARRCO）是缴费确定型制度，每个参保的就业人员和其雇主是缴费对象。

1995 年 9 月 25 日发布的第 25 项附加条款中说明，劳资双方决定共同筹资企业职工的强制性补充养老保险（ARRCO），强制性地在《社会保障法典》第 L. 242-1 条规定的毛工资基础上计算应缴纳的社会保险费。

企业职工强制性补充养老保险制度（ARRCO）的缴费基数有两个封顶线。对于非管理层职工而言，社会保险费的征收上限可达到三倍的社会保险封顶线标准（我们也把它称作 2 段或者“T2”段收入标准）。而对于适用 1947 年 3 月 14 日发布的国家集体协议的职员、管理层员工的社会保险费按照一倍的社会保险封顶线内的收入（称为“T1”段收入）进行缴纳。

我们在此特别说明的是要区分企业职工强制性补充养老保险制度（ARRCO）的不同费率概念，即“合同费率”和“上调费率”。2015 年 1 月 1 日，T1 和 T2 段适用的基本养老保险合同费率分别为 6.20%和 16.20%。[①] 上调费率是为了平衡资金负担[②]而定的缴费费率，这个费率不是最终权益的决定因素。现行的上调费率是 125%，即指补充养老保险费率在基本养老保险合同费率基础上提高 25%。

因此，适用的补充养老保险费率的相关规定如下：

（1）对于 T1 段收入的非管理层和管理层员工，自 2015 年 1 月 1 日起，

---

① 2013 年 3 月 13 日有关补充养老保险的跨行业协议。

② 社会法庭（Soc），1999 年 5 月 20 日，RJS 7/99，No. 963；Soc.，2001 年 5 月 4 日，RJS 2001，No. 914。

补充养老保险费率为7.75%（6.20%×125%＝7.75%）；

（2）对于T2段收入的非管理层和管理层员工，自2015年1月1日起，费率为20.25%[①]（16.20%×125%＝20.25%）。

除1996年4月25日以前的集体协议外，应缴纳社会保险费的分担比例，是60%由雇主承担，40%由员工个人承担。员工部分的社会保险费由雇主代缴，由雇主承担社会保险费的缴费义务；迟缴社会保险费的滞纳金分为两个部分征收：一是按照每月欠款1%收取固定部分，二是按照迟缴月数长短确定的不固定部分。[②]

除此以外，追加2%的社会保险费作为罚金，用于对建议资金管理委员会（AGFF）的筹资，其中1.2%由雇主承担，0.8%由员工承担。

二、企业管理层员工的强制性补充养老保险（AGIRC）

管理层员工的补充养老保险制度是管理层员工退休制度的重要组成部分，它在企业基本养老保险制度建立之前就已经存在了。企业管理层员工的强制性补充养老保险制度（AGIRC）由《社会保障法典》第L. 922-4款诠释说明。每个管理层员工的补充养老保险经办机构都必须加入一个联盟组织。这个补充养老保险制度的经办是非营利性的，由管理层员工的代表和资方代表共同管理。下面我们将分别介绍该制度的待遇水平和资金来源。

企业管理层员工的强制性补充养老保险制度（AGIRC）只经办“管理层员工”的补充养老保险，由1947年3月14日发布的《国家集体协议》、附加条款和说明决定。

1. 企业管理层员工的强制性补充养老保险制度（AGIRC）的待遇水平

应注意的是，企业管理层员工的强制性补充养老保险制度（AGIRC），它不仅是一种强制性的补充养老保险制度，同时也是一种强制性的补充死亡保险。

① 见2013年7月13日补充养老保险期刊（Lettre-Circ. AGIRC-ARRCO）。

② 见1998年12月23日补充养老保险期刊（Lettre-Circ。ARRCO）。

计算方法与企业职工强制性补充养老保险制度（ARRCO）相似。缴纳的保险费换算成“退休积点”。退休金的待遇水平根据积累的积点进行核算。原则上，积点的数额与所缴纳的社会保险费相关。计算原则与企业职工强制性补充养老保险制度（ARRCO）类似。但是，计算社会保险费对应的仅仅是“B”和“C”段的工资水平，也就是说，是基本社会保险封顶线以上直至8倍封顶线内的收入段。

企业管理层员工的强制性补充养老保险制度（AGIRC）也根据参保人抚养孩子的情况进行增额奖励。奖励的金额根据退休的不同时期而有所不同。2012年1月1日起结算积点的退休人员可享受10%的统一奖励额度；在2012年之前结算积点的退休人员，额度根据所抚养孩子的数量不同：抚养3个孩子享受8%的增额，抚养4个孩子享受12%的增额，抚养5个孩子享受16%的增额，抚养6个孩子享受20%的增额，抚养7个及以上孩子享受24%的增额。

企业管理层员工的强制性补充养老金（AGIRC）的金额测算公式是：

$$N(n) = S(n) \times T / SR(n)$$

其中，$N(n)$ 是第 n 年管理层员工的积点数额；$S(n)$ 是指第 n 年的缴费的工资基数；T 是合同费率；$SR(n)$ 是参考工资。$SR(n)$ 由企业管理层员工的强制性补充养老保险制度（AGIRC）的联合委员会确定。需要注意的是，计算社会保险费对应的仅仅是“B”和“C”段的工资水平，也就是说，是社会保险封顶线以上的收入。

管理层员工的强制性补充养老金等于参保人在其职业生涯中积累的积点总数乘以由企业管理层员工的强制性补充养老保险制度（AGIRC）确定的每个积点的对应价值。

与企业职工强制性补充养老保险制度（ARRCO）一样，企业管理层员工的强制性补充养老保险制度（AGIRC）也对至少抚养3个孩子的退休人员进行增额奖励。从2012年1月1日起，两个补充养老保险制度一样，可享受

10%的增额；对在2012年之前结算积点的退休人员，抚养3个孩子享受8%的增额，抚养4个孩子享受12%的增额，抚养5个孩子享受16%的增额，抚养6个孩子享受20%的增额，抚养7个及以上孩子享受24%的增额。[①]

奖励额度是有封顶限制的：2012年1月1日起，因为孩子而享受的增额养老金，一个完整的职业生涯不可以超过1 000欧元。封顶线是同样有限制的，无论其缴费年限如何。每年的4月1日，按照相同比例调整退休金。

自2012年1月1日起申请退休的人员，如果仍然有孩子抚养，按每个孩子5%的比例享受养老金增额。

被抚养的孩子的年龄一般规定到18岁，如果他是学生、学徒或者不享受失业金的失业人员，这个年龄可以延至25岁。对有残疾的孩子，直到21岁前没有年龄限制。

离婚的未亡配偶们和孤儿都可以享受复归养老金。[②] 对于未亡配偶，必须达到60岁的年龄；复归养老金相当于60%（比54%的基础水平略高）的已死亡参保人的退休金水平。然而，未亡配偶，不论男女，在55岁后，可以提前申请结算复归养老金。金额根据申请人的年龄，按系数递减复归养老金的比例：55岁申请，享受比例是52%，56岁是53.6%，57岁是55.2%，58岁是56.8%，59岁是58.4%。如果再婚将会丧失复归养老金权益。

1997年12月18日最高法院的社会庭决议，修订了离婚后未亡配偶的复归养老金权益[③]：未亡配偶，离婚后未亡配偶们的分别婚姻年限与已死亡配偶的参保缴费年限挂钩来测算复归养老金。

孤儿享受（父亲或母亲）的复归养老金有年龄限制（21岁[④]），按照已死亡参保人积累点数的30%测算金额。如果有数名孩子，每个孩子都有权以相同方式来计算复归养老金。

① 参见欧共体改革挑战（la contestation de la réforme CE,），第1部分和第6部分。

②③ 社会法庭（Soc）．1997-12-18，RJS 1998，No. 222.

④ 对于残疾儿童或体弱儿童取消了年龄限制。

2. 企业管理层员工的强制性补充养老保险制度（AGIRC）的资金来源

1996 年 1 月 1 日起，企业管理层员工的强制性补充养老保险制度（AGIRC）的缴费基数很大程度上与企业基本社会保险制度一致。[①] 缴费基数仅仅是基本社会保险封顶线以上直至 8 倍封顶线内的收入段。[②]

计算企业管理层员工的强制性补充养老保险制度（AGIRC）社会保险费基数对应的是“B”段和 C 段收入，B 段指的是基本社保封顶线之上至每年度确定的最高额度，至少是 4 倍封顶线内的收入；C 段指的是 B 段封顶线以上至 8 倍基本社保封顶线内的收入。

自 1997 年 1 月 1 日起，所有企业管理层员工的强制性补充养老保险制度（AGIRC）的参保人要缴纳临时特别贡献（CET）费。这项费用是纯贡献、不产生权利，特别贡献费的缴费基数是所有管理层员工（A 段、B 段和 C 段）的工资总额。

与企业职工强制性补充养老保险制度（ARRCO）一样，社保费的上调费率，即企业实际支付社保费的比率，自 1995 年以来，确定在 125%。

对于 B 段和 C 段工资水平的员工，适用费率自 2015 年 1 月 1 日起，从 16.44%上调至 20.55%。

企业雇主承担企业管理层员工的强制性补充养老保险制度（AGIRC）的缴费责任。迟缴社会保险费的滞纳金比率由企业雇主承担企业管理层员工的强制性补充养老保险制度（AGIRC）每年度确定，2014 年的迟缴社保费按照每月 0.6%征收滞纳金，并且 2014 年度的最低滞纳金金额确定在 90 欧元。

---

① 《社会保障法典》（CSS）第 L. 242-1 款。

② Nortier F. Le plafond de la sécurité sociale，talon d’Achille du régime des cadres. Point cadres AGIRC，1999：4.

第六章

家庭津贴

家庭津贴所覆盖的社会风险是，抚养孩子所承担的经济责任。[①]

我们注意到，家庭保障自1978年开始经历了普及化运动，即在满足居住条件的前提下向全体人员提供家庭补助，并没有职业和经济活动的约束条件。不过对于区别于普遍性保障制度的特殊制度，津贴的供给以及财务的收取则是由其他组织代表全国家庭津贴基金（CNAF）进行管理，比如农业互助会或全国铁路公司（SNCF）。

《社会保障法典》没有对家庭津贴进行统一定义，其中第L. 511-1款也仅列举了津贴的种类。

我们这里将结合制度目的和内容进行简单介绍。第一节主要介绍家庭津贴制度的特征，第二节介绍家庭津贴的一般条件，接下来第三节介绍家庭津贴的具体内容。

第一节　家庭津贴的特征

家庭津贴的第一个特征是它的多任务性。

它首先反映了鼓励生育的政策意志，即“根据人口发展学说，它是国家为了促进人口增长和鼓励生育的整套措施”。[②] 但同时，促进公共健康的目的

---

① 《欧洲社会保障法典》（Code européen de sécurité sociale）第40条。

② Hochard J. Les finalités primaires et secondaires des prestations familiales. Dr soc，1957：307.

也在一些家庭津贴规定中得到体现：即为了保障儿童或刚刚出生的孩子的健康，以及产妇的健康。

对于家庭的津贴也包括入学政策以及专业或大学教育。家庭政策的主要目标是平衡家庭生活和职业生活。近年来，家庭政策作为新凯恩斯主义政策和就业政策，致力于促进消费。

立法者委托家庭津贴管理机构管理其他津贴。1989 年以前，多种针对被剥夺的贫困人口救助走向“最低家庭收入”。家庭保障不仅是收入再分配的手段，而且还是对抗贫困的对策。① 我们注意到，国家逐渐充分利用家庭津贴基金（CAF）的专业技能，令其支付除了家庭津贴以外的津贴，主要是成年人残疾补贴、一些住房补贴（包括住房的个性化援助 APL，以及社会住房津贴 ALS）。此外，家庭津贴基金也代为支付不同地区的社会团结收入（RSA）。

家庭津贴导致了刺激出生率的措施走向没落。家庭津贴也成为“公共参与者不稳定性的前沿”：导致了基金支出数量的膨胀。

家庭津贴制度也是多种社会政策的核心，家庭津贴种类繁多并各不相同。②

家庭津贴的第二个特征是它的“普遍性”。所有居住在法国，就业或非就业，只要有一个或多个孩子抚养并满足津贴给予的条件就可以有权利享受。③ 家庭保障的覆盖范围因此比社会保险或工伤事故规定的范围广。然而，宪法委员会认为，家庭津贴覆盖所有类型和境况的家庭，可以被认为是 1946 年共和国宪法序言中认可的基本原则。④

《欧洲社会保障法典》第 42 条指出，家庭津贴是以实物的形式，“为儿童提供食品、衣物、住房、度假或家用方面的扶助”。但在法国，这种实物津贴

① Millard E. La politique familiale doit-elle être redistributive? RDSS，2013：979.

② Steck Ph. Droit et famille. Tous les droits. Economica，1997：80.

③ 外国人只有在定期居住条件下才能享受津贴。参考《社会保障法典》（CSS）第 L512-1，L512-2 和 D511-1 款。

④ 1997 年 12 月 18 日宪法委员会第 97-393DC 决定，见 1997 年 12 月 23 日《法国官报》(JORF) 第 18649 页，第 28、29 条评论。

不属于严格意义上的家庭津贴，而是属于《社会行动和家庭法典》（code de l'action sociale et de la famille）中的家庭救助。

第二节 家庭津贴的一般条件

因为家庭津贴涉及的种类繁多，所以不存在一个通用的家庭津贴法律。这里只介绍几个相关要点，分别是受益人的条件（第一部分内容），什么是应抚养的儿童（第二部分内容），以及每月基础家庭津贴（第三部分内容）。

一、受益人

家庭津贴的支付对象是个人受益人或特殊情况下的受益人。

1. 个人受益人

个人受益人是指法律承认的可以享受一项或多项家庭津贴的自然人。

津贴受益人只能是单个人，正如有关法律阐述“发放津贴服务应该针对实际承担抚养子女的自然人”。①

在两个人共同抚养一个孩子的情况下，应该由夫妇两人，或事实同居关系②，或签订正式同居协议的关系的双方协议③指定其中一个人。这一选择权可以在任何时候行使，不过只有在一年后才能重新提起讨论，个人情况变更除外。在双方有异议或无力承担抚养义务的情况下，母亲有优先受益权。④ 如果多个子女由不同的自然人或法人抚养而不可能由一个受益人承担抚养责任的时候，适用的规则长期以来是按照比例分配。承担抚养孩子责任的人才是津贴受益人。

受益人单一性这个特点有一个例外情况，即孩子由离异或分居的父母交替抚养，⑤ 此例外情况只针对单亲家庭津贴。

---

① 参考《社会保障法典》第 L. 513-1 和 R. 513-1 条款。

② 比如父母离婚后同居，参考《社会司法期刊》（RJS），12/99，第 1521 号。

③ Moneger F. Pacte Civil de Solidarité，PACS. JCP，N2000，452.

④ 《社会保障法典》第 L513-1 和 L513-2 款。

⑤ 民事上诉法院第一议会厅 2010 年 1 月 14 日第 09-13061 号决议。

家庭津贴的领取人可以是津贴受益人，可以是他的配偶或同居者。

2. 特殊情况下的受益人

《民法典》第 375-9-1 款规定了一项教育援助。当儿童被认为处在“危险”的状况下，国家指定儿童的代理人和审判长来对这样的儿童进行帮助。所谓“危险”是指所处的生活条件使得其健康、思想道德、教育、日常生活处于危险状况或严重影响其身体、心理、情感或社会交往等方面的发展。

当家庭津贴服务于贫困人口却不与住房、日常生活维持、健康以及孩子教育的需求联系起来，由省级议会提出的社会经济和家庭陪伴服务（AESF）就显得很不够。这时国家指定的审判长就可以下令部分或全部拨付给指定的有资格的自然人或“家庭津贴代理人”。[①]

二、待抚养子女的界定

家庭津贴的权利只针对待抚养的子女。津贴应该给予按照《社会保障法典》第 L. 513-1 款规定的“实际长期”抚养人。

不是有待抚养子女的家庭都可以成为津贴受益人，《社会保障法典》第 L. 512-3 和R. 513-1 款规定了待抚养子女的一般年龄限制，除此之外，有些津贴还规定了特殊年龄限制。待抚养子女的界定首先是非雇员，年龄最高限为 20 岁，且他的收入不超过最低工资的 55%。[②] 因此津贴的享受条件是年龄和收入调查相结合。值得一提的是，享受住房援助的情况下，这一年龄限制可以延长到 21 岁。[③]

家庭津贴的受益人需要解释证明自己有待抚养子女，而且如果子女小于 16 岁，也需要保证子女接受义务教育。现行有关儿童保护法删除了家庭津贴需要在校的条件。这一问题由教育法解决，而在家庭津贴方面没有出现未满 16 岁享受津贴而未接受教育的事件发生。

---

① 《民法私法典》第 1200-2 款。

② 第二民事法院，2004 年 1 月 20 日，No. 02-30205，未出版。

③ 《社会保障法典》第 L. 512-3 款和 D. 542-4 款等。

家庭津贴没有国籍条件，《社会保障法典》第 L. 512-1 条款规定，只需长期定居在法国，外籍人口同样适用。此外外籍儿童只有通过家庭团聚的途径和手续进入法国。[①] 不过，国际法[②]和经济共同体[③]的内部规范[④]也规定了一些例外情况，使得外籍儿童纳入津贴范围。

三、月基础家庭津贴（Base Mensuelle de calcul des Allocations Familiales，BMAF）

按照《社会保障法典》第 L. 551-1 款，家庭津贴的数额是根据月基础家庭津贴基数（BMAF）计算的，这一基数由国家经济委员会（commission économique de la nation）每年根据年中物价预期变化进行调整。根据 2011 年 12 月 21 日第 2011—1906 号关于社会保障的法律，2012 年以通告的形式重新评估和调整日期为 4 月 1 日。家庭津贴以月计算基础值的一定百分比。

发放管理家庭津贴的服务由受益人常住所在地的家庭津贴基金管理机构（Caisse d'Allocations Familiales）负责。[⑤]

家庭津贴按月按时支付[⑥]，即从获得合法资格后的每月 5 日。家庭津贴作为权利不能转让，也不能无故截留，除非由于受益人虚假申报而过度发放的部分，国家或政府可以追回。[⑦] 然而，这个规则包含很多不能追回的例外情况，以至于人们发出疑问：因虚报而追回的家庭津贴是否已经变成了例外情况。[⑧]

---

① Devers A. Slama S. L'accès des enfants entrés en dehors du regroupement familial aux prestations familiales. AJFP，289.

② 见 2003 年 12 月 9 日第二民事法院，《社会司法期刊》RJS 2/04 第 271 卷。

③ Lhernould. J. Ph. Les prestations familiales pour les enfants d'étrangers：le droit constitutionnel face au droit international. JCP，2010：1240.

④ 有时在国外居住也可以享受法国的家庭津贴制度，条件是国外居住遵守法律 R. 512-1 条款的所列条件，并由 1979 年 12 月 4 日法令补充。

⑤ 《社会保障法典》第 R. 514-1 款也规定了例外情况。

⑥ 《社会保障法典》第 R. 553-1 款。

⑦ 《社会保障法典》第 R. 553-4 款。

⑧ 参考《社会保障法典》第 L. 553-4 所列的情况。

第三节　家庭津贴的内容

家庭津贴涵盖的多项内容，主要有：家庭补助金（Allocations familiales）；幼儿补贴（PAJE）；多子女和贫困家庭补贴（Complément familial）；单亲家庭补贴；住房补助；开学补助；子女疾病陪同补贴。

一、家庭补助金

这项补助属于一般日常家庭补助，是家庭津贴制度的主要组成部分之一。家庭补助金从第二个子女出生起开始发放。[①]

家庭补助金的金额是月基础家庭津贴（BMAF）的一定百分比，这一百分比根据孩子数量不同而不同。第二个孩子享受 BMAF 的 32%，第三个孩子为 73%，第四个孩子为 114%，第五个孩子为 155%。也就是每多一个孩子百分比增加 41%，以此类推。[②]

对于六岁以下儿童的家庭补助金发放与一定数量的出诊记录相联系，[③] 即孩子必须在特定年龄进行必需的医疗跟踪（体检和疫苗等）。

家庭补贴金同时还根据抚养子女的年龄不同而异。当第二个孩子 10 岁以上，家庭补助金的数额增加 9%，15 岁以上则再增加 16%。

为了避免有 3 个孩子（及以上）家庭因为一个或多个孩子达到 20 岁（享受津贴的上限）而使收入急剧下降，创建了一种定额补助金，发放期为一年，旨在部分补贴抚养子女的经济负担。[④]

如果不遵守“父母责任合约”（这是地方家庭政策[⑤]法律的一个条款）的情况下，地方行政长官可以要求家庭津贴基金管理部门停止发放津贴。

---

① 没有抚养义务或子女监护人的要求，见 1995 年 11 月 25 日社会法庭（Soc.）《公告》（Bull V），No. 293。

② 《社会保障法典》第 D. 521-1 条款。

③ 《社会保障法典》第 L. 534-2 条款。

④ 《社会保障法典》第 L. 521-1 以及 D. 521-2 条款。

⑤ 《社会行动和家庭法典》（CASF）第 L. 222-4-1 款。

二、幼儿补贴

幼儿补贴这项家庭津贴始建于 2004 年[①]，包括三个部分：（1）新生儿（或领养孩子）奖励金。它是以收入调查为前提，在怀孕第 7 个月或收养后一个月发放，旨在帮助解决新生儿或收养儿童的到来而产生的花销；（2）幼儿（收养儿童）基础补贴。这也是以收入调查为前提，按月发放至幼儿 3 岁，旨在帮助解决幼儿教育花销；（3）自由选择看护模式补贴。这种补贴是为雇佣育婴保姆或父母居家看护而设立的。这种自由选择看护模式（父母脱离、部分脱离或不脱离就业岗位）是旨在帮助那些为了照顾 3 岁以下幼儿而完全脱离或部分脱离就业岗位而设立的补助措施。

由以上三部分组成的幼儿补贴在 2014 年社会保障融资法律出台后，对于那些收入超过标准线的家庭，月基础补贴减半，即如果收入超过给定的标准线，补助降至 92.31 欧，而那些没有超过标准线的家庭仍为 182.62 欧。这项新规定自 2014 年 4 月 1 日开始生效，在此日期以后出生的新生儿适用此项新规定，2017 年 4 月 1 日后普遍应用于所有新生儿。

1. 新生儿（或收养）奖励金（La prime à la naissance）

这项奖励金是发给每个符合收入条件的家庭的新生儿或小于 20 岁的收养儿童。在收养的情况下，最迟在收养后第二个月发放给收养家庭。奖励金的数额是月基础家庭津贴基数的 229.75%[②]。

如前文所述，新生儿（或收养）奖励金是在收入调查的基础上发放的，即根据要抚养孩子的数量和家庭状况（父母单收入、父母双收入、单亲家庭）制定收入标准线。[③] 准母亲需同时进行产前检查。享受奖励金的资格在孕期第 5 个月进行审核评估。

---

① Rozan A. La création de la PAJE. RDSS，2004：178.

② 2013 年 4 月 1 日至 2014 年 4 月 1 日出生或收养的奖励金数额是 923.08 欧元。

③ 《社会保障法典》第 R. 531-1 及第 R. 531-7 条款。

2. 幼儿（收养儿童）基础补贴（L'allocation de base）

幼儿基础补贴是每月定额补贴，标准按照月基础家庭津贴基数的49.95%，自新生儿出生月份开始发放，直到3岁生日前一个月。在收养的情况下，从收养的月份起发放三年，但收养儿童享受补贴不能超过20岁。这项基础补贴仅针对那些收入不超过标准线的家庭全额发放。收入标准线是由法律根据孩子数量和家庭的就业状况设定，当父母双方均从事收入高于“最少职业收入”（为社会保障年缴费封顶线的13.6%）或者父母分居情况下，那么获得的全额幼儿基本补贴的收入基准线提高。[①]

幼儿基本补贴的获得还需在幼儿出生后进行医疗跟踪检查，每个家庭只能获得一份基本补贴，不过多胞胎或收养多胞胎的情况下获得多份基本补贴。

3. 自由选择看护模式补贴（Les compléments de libre choix）

看护补贴的目的是保证父母在孩子出生（收养）后能在继续工作、减少或停止职业活动三者中进行选择。[②] 看护补贴有两种：就业时间减少补贴、看护补贴。

（1）就业时间减少补贴

这一补贴是弥补由于照顾3岁以下幼儿要减少或停止职业活动所造成的收入损失而设立的。前提是父母一方已经从事“足够年限”的职业活动，这里所指的“年限”是根据抚养孩子数量不同而有不同限定。第一个孩子出生前至少2年工作，第二个孩子出生前四年中至少2年工作，对于第三个或以后的孩子出生前5年中必须至少2年工作。如果补助的申请者不能证明已经工作满2年，根据孩子的数量，有些情况还是考虑适当拨付补贴。[③]

全额就业时间减少补贴的标准是92.62%的月基础家庭补助基数（BMAF）。另外还有部分就业时间减少补贴，分别是BMAF的62.46%和

---

① 《社会保障法典》第R. 531-3款。

② Perivier H. Emploi des mères et garde des jeunes enfants：l'impossible réforme? Dr. soc，2003：795.

③ 《社会保障法典》第R. 352-12款。

36.06%。对于因看护幼儿而减少原工作时间50%以上的，补贴标准为BMAF的62.46%。对于工作时间减少少于50%而高于20%的，标准为BMAF的36.06%。直到2014年1月1日，就业时间减少津贴根据家庭收入状况和是否已经接受幼儿基础津贴（l'allocation de base）而略作调整。而2014年议会工作议程（LFSS）取消了这种以收入调查为基础的政策调整，即无论收入状况如何，就业时间减少补贴的标准需统一。[①] 新的政策适用于2014年4月1日以后出生或收养的幼儿。

重返就业（或恢复以前的就业时间）也很方便并受到鼓励，政策规定可以在恢复就业后两个月内继续享受就业时间减少补贴[②]，但前提是家庭需有2个或2个以上要抚养的孩子。

（2）看护补贴

这一补贴是为了补偿看护孩子费用而设计的，主要适用于三种看护模式：幼儿看护助理托管、居家看护、微型托儿所。补贴以幼儿3周岁为限。因此，这种补贴是给予那些从业或积极寻找就业的人。

看护补贴包括部分看护助理的工资和社保费用，这些费用根据孩子年龄和父母收入的不同而有所不同。补贴金额因此也随看护幼儿的年龄和父母收入以及支付给看护助理（托管或居家看护）的报酬而异。[③]

2009年社保财政法律颁布后，对于那些从事特殊工作作息时间的父母，他们通过各种方式（直接或通过协会、中介企业）雇佣的幼儿看护助理（托管或居家看护），看护补贴会提高。比如，工作时间为周一至周六晚22点到次日早6点，或《劳动法》允许的周日和法定节假日工作的都属于特殊作息时间。补贴增加的条件还有看护时间和父母工作时间在当月至少为25小时。两个时间都需等于或大于25小时才可以得到增加的部分，数额为最高看护补

① 2014年议会工作议程LFSS第75款，《社会保障法典》第L. 531-4款。

② 《社会保障法典》第L. 531-4款。

③ 孩子在3～6岁所得的补贴是0～3岁时的一半。

贴的10%。如果补贴受益人满足以上条件，看护费用的15%仍由其自身承担。2011年12月21日颁布的法律第102款和2012年颁布的社保财政法规规定了单亲家庭或享受残疾补贴家庭的看护费用负担的上限。

三、多子女和贫困家庭补贴

这项补贴是除其他补贴外，在收入调查基础上，针对有三个孩子及以上的家庭。① 所有子女都在3周岁及以上，符合收入条件的多子女家庭在第三个或最小的孩子3周岁生日那天开始有权享受这项补贴。

收入封顶线根据子女数量和排行而有所不同，如果夫妻双方都有收入，这个收入线较低，如果子女由一方抚养（即单亲家庭）则这个收入线则较高。②

多子女和贫困家庭补助的数额为BMAF的41.65%。

在一些情况下，这个补助的金额可以由另一种差额救助替代，即收入封顶线加上12倍的多子女补助金减去家庭实际收入。③

为促进社会融合和推进反贫困计划，2014年法国规定对收入低于贫困线的家庭提高补贴金额。新的收入线标准和补贴数额也通过相应法令得到确定。

四、单亲家庭补贴

这项补贴是针对不幸失去父亲或失去母亲，或不被父亲或母亲承认，或父母一方拒绝或无力抚养（或照顾或按照司法决议提供生活费）的儿童。④

单亲家庭补贴是发放给实际单独抚养子女的个人⑤，须通过申请获得。⑥ 金额是BMAF的30%。⑦ 在父母分居的情况下，补助的发放机构可代收另一

---

① 《社会保障法典》第L522-1、第L. 522-2和第R. 522-1条款。

② 《社会保障法典》第R. 522-1款。

③ 《社会保障法典》第R. 522-3款。

④ 《社会保障法典》第L. 523-1和R. 523-1；Soc.，1990年12月20日，RJS，1/91，No. 252。

⑤ Buchet D. Concubinage，vie maritale，vie commune. Étude de jurisprudence en matière de prestations familiales. DR. Soc.，1997：288.

⑥ 《社会保障法典》第R. 523-2款。

⑦ 《社会保障法典》第R. 523-7款。

方缴纳的抚养费。[①]

如果法院还未确定抚养费，基金管理机构最多发放 4 个月家庭津贴，在此期间其直属部门向法院提请核准抚养费数额。[②] 津贴的发放机构则被委托收缴所欠抚养费。[③]

没有享受单亲家庭补贴但持有抚养费判决的人则可以申请家庭津贴基金管理机构（CAF）的帮助，以收回应得的抚养费。[④] 家庭社会福利机构帮助收回的抚养费，继而发放给申请者，家庭的生活状态以及申请者收入情况都不影响抚养费的发放。

五、住房补助

这项补助针对那些租房（常住住所），或初次买房，或有需抚养子女的人或家庭，[⑤] 在规定的条件下[⑥]可以申请住房补助，以减轻经济压力。住房补助分为三种：家庭住房津贴，搬家补助和改善住房条件借款。这里需要说明的是，社会救助中也包括住房补助的内容。

1. 家庭住房津贴（Allocation de logement familiale，ALF）

家庭住房津贴即针对那些已经不再领取家庭津贴或残障未成年人教育津贴的人或家庭。[⑦]

同时，那些不享受任何家庭津贴的人或家庭如果有子女需要抚养，或新婚年轻夫妻（结婚少于 5 年，但双方结婚时未满 40 周岁）[⑧]，或有直系残疾亲属需要抚养（兄弟姐妹、叔舅姑姨、外甥子女或侄子女），其残疾程度到 80%

---

① 《社会保障法典》第 L. 581-2 和 L. 581-3 款。

② 2010 年 3 月 17 日最高法院二院，《律师法律意见书档案库. 社会版》（JCP S）2010 年 1292 卷。

③ 2003 年 7 月 1 日最高法院二院，D. 2003. IR 1945。

④ 《社会保障法典》L. 581-1 款。

⑤ 自 2000 年 1 月 1 日起，住房补助申请条件之一，关于子女年龄限制延后至 21 岁。

⑥ Devers A. Séparation et aides au logement. AJ fam，2011：535.

⑦ 《社会保障法典》第 L. 542-1 第 1 款。

⑧ 《社会保障法典》第 L. 542-1 和第 D. 542-1.

以至于能力丧失而无法就业的[①]，也可以申请家庭住房补贴。

享受住房补贴的条件还有租金或贷款月供的限制，只有在一定金额内的人或家庭，在考虑收入状况的条件下才可以享受家庭住房津贴。[②] 收入调查以税务部门登记为准[③]，有些特别规定的收入则可以在税基收入基础上抵扣。[④]

获得家庭住房津贴还需满足住所条件：住房需在法国本土或海外省，是受益人本人或其家庭的主要居所，[⑤] 必须是租住或首次购买。[⑥] 该住房在面积[⑦]和条件方面[⑧]须符合平民标准。

家庭住房津贴的金额按照如下公式计算：

$$AL = K\ (L + C - L_0)$$

其中，AL 是家庭住房津贴；L 代表实际支付的租金（或买房贷款月供），在规定的封顶线内；[⑨] C 代表固定的与住房有关的费用（取暖物业等）；[⑩] L_0 指津贴受益人支付的租金部分。它由收入和家庭结构状况决定；K 代表受益人的承担系数，按照公式 $K = 0.9 - R / (X \times N)$ 计算，其中，R 是征税收入，X 为每年法令确定的固定值，N 为根据家庭构成变化的系数。[⑪]

2. 搬家补贴（Prime de Démenagement）

这项补助是由家庭津贴基金管理局发放给因婴儿出生而搬迁的家庭，申请这项补贴要求申请家庭至少有三个孩子，或第三个孩子即将出生。而且新

---

① 《社会保障法典》第 L. 542-4 第 3 款。

② 《社会保障法典》第 L. 542-2 款。

③ 《社会保障法典》第 R. 831-5，R. 831-6 以及 D. 542-9 等款。

④ 《社会保障法典》第 R. 311-11 条款。

⑤ 《社会保障法典》第 L. 831-1 和 D. 542-14 款。

⑥ 1999 年 4 月 1 日社会法庭（Soc.），RJS 1999，N. 742、743。

⑦ 《社会保障法典》第 D. 542-14 款。

⑧ 《社会保障法典》第 D. 542-14、R. 831-13、R. 831-1，对于海外省参考 D. 755-9 款。

⑨ 每年由部门法令确定。

⑩ 每年由部门法令确定。

⑪ 比如，申请人为单身生活时 N 为 1.2，一个家庭没有需要抚养的人时 N 为 1.5 等。参见《社会保障法典》D. 542-5，D. 755-24 和 D. 755-25。

住所符合申请家庭住房津贴的条件。[①] 这项补贴的获得需要申请。补贴金额在设定的封顶线以下，以实际搬家产生的费用为准。封顶线为 BMAF 的 240%。以后每多出生一个孩子封顶线增加 20%。

3. 改善住房条件借款

家庭津贴基金管理机构（CAF）根据相关规定，可以对那些已享受家庭住房补助的初次买房房主、租户或借住他人住房的家庭[②]提供借款。这项措施实际上是 CAF 社会行动方案之一。相比其他住房福利而言，改善住房条件借款的申请由 CAF 决定接受或拒绝。不过这里需要指出的是，借款数额比较低，最高限为 1 000 欧元，利率为 1%，在 36 个月分期偿还。

六、开学补助

开学补助（ARS）旨在帮助一些家庭减轻由于孩子开学而产生的费用负担。自 1998 年 12 月 23 日颁布这项法令以来，开学补助面向所有拥有至少一个孩子，符合年龄、学业和家庭收入条件的家庭。[③] 对于享受特殊教育津贴的孩子（平时住校），还发放返家补贴。孩子的年龄需在 6 至 16 岁之间，并且是在教育机构注册的在读学生。

16～18 岁的在读学生或实习期间（实习工资不超过最低工资的 55%）也可申请。这项补助的获得需符合收入条件。[④] 补助金额为 BMAF 的 20%[⑤]，有时也会定额或不定额增加。[⑥]

七、子女疾病陪同补贴

2006 年《社保财政法》第 87 款改革了关于子女疾病陪同假期的规定，并创立了新的子女疾病陪同补贴（AJPP）以及每月费用补贴。[⑦]

---

① 《社会保障法典》第 D. 542-31 至 D. 542-34 款。

② 《社会保障法典》第 D. 542-35 款。

③ 《社会保障法典》第 D. 543-1 款。

④ 收入低于所规定的收入线，即参考年 7 月 1 日最低时薪的 2130 倍。

⑤ 《社会保障法典》第 D. 543-1 款。

⑥ 根据 1998 年 8 月 19 日第 98-718 条法令，1998 年 8 月 21 日《法国官报》(JORF)。

⑦ 《社会保障法典》第 L. 544-1 至 L. 544-8，R. 544-1 至 R. 544-3 以及 D. 544-1 至 D. 544-7。

1. 享受条件

子女疾病陪同补贴是针对子女生病、残疾或因严重意外事故必需父母陪伴照顾和疗养。[①] 判断是否符合条件是根据子女的主治医生提供的详细医学证明。

当父母必须中止其职业活动（包括培训和求职），子女疾病陪同补贴即可按缺勤日支付。这项补助需要申请，由初级医疗保险基金管理部门（CPAM）的医疗监督部门审核同意。申请后第三个月的最后一日如果没有任何书面回复则意味着申请获得通过。

2. 补贴标准

如果申请人符合规定条件，子女疾病陪同补贴从正式提交申请当月的第一日算起。

从原则上讲，该补贴以子女医疗期为限，每个子女该次疾病发放期限最长为（或严重意外事故、残疾）3 年。3 年以后如果疾病复发则可以重新申请这项权利，为期仍为 3 年，可延期 6 个月。3 年中父亲或母亲可以享受最长为 310 天的按日计算的陪同补贴，发放需提交缺勤日和有关证明，每月最多为 22 日。[②] 每日补贴的标准为 BMAF 的 10.63％。如果单亲家庭独自抚养孩子的情况下，以上标准可以提高。

此外，如果家庭收入不超过规定的限额，家庭津贴福利部门还会在子女疾病、残疾或事故期间给予每月定额的医疗费用补贴，数额为 BMAF 的 27.19％。

---

① 《社会保障法典》第 L. 544-1 款。

② 也就是说如果父母同时停工一整月，尽管共停工 44 个工作日，但他们只能享受 22 天的陪同补贴。如果两父母同时停工 11 天，则他们可以获得 22 个天的补贴；如果父母陆续各自停工 11 天，则他们获得补贴还是 22 天的陪同补贴。

第七章

失业保险

正如马克斯·拉扎德（Max Lazard）在他1909年的文章中提到的，失业的概念本身就是一个值得讨论的问题。[①] 法语中“失业”（Chômage）是指通常有事忙的人闲暇下来的特殊状况。失业补偿与雇员的素质特性相联系，它在法国社会保障体系中占有特殊地位。

首先，失业保险的制度化管理被委托给社会保障组织以外的多个机构，经过整合，失业保险的管理属于“公共就业服务”。

其次，失业补偿的特征在于其法律形式——失业者的身份部分受到《劳动法》规范。[②] 在法国，工作权利被认为是“通过一整套对就业申请者进行与工作相联系的培训、就业介绍、失业补偿，以及提供公共就业机会的帮助等制度安排而实现就业。这些措施可以帮助雇员顺利度过从就业向失业或‘部分失业’状态的转变，也是鼓励创业和创造经济活动的措施。”[③]《劳动法》第L. 5422-20款说明，法律法规适用特殊的协议法[④]：包括《全国工商就业联合会协议》(Convention UNEDIC)，即政府许可的跨行业全国协议、附加规章，以及规章的附加规定等处理特殊类别劳动者的规章规范。除了《全国工商就

---

① Lazard M. Le chômage et la profession. Alcan，1909：3.

② 政府1970年以来先后进行的促进就业和对抗失业的计划和政策安排充实了相关就业的立法体系，在重新系统整理后编在《新劳动法》第五部分。

③ Jeammaud A. Le droit du travail en changement。Essai de mesure. Dr. Soc，1998：217.

④ 关于这些法律渊源的说明参考最高行政法院（CE），2003年12月30日，《社会司法期刊》(RJS) 05/04。

业联合会协议》，还包括全国就业联合会[1]采纳的其他“应用协议”。全国工商就业联合会（UNEDIC）是负责制定和管理失业保险制度的全国性的三方组织。

最后，失业保险机制只是社会保障制度的一个分支，只对一种条件下的劳动者“不就业”（non-emploi）[2]、“无业可就”（sans-emploi）[3] 或“没有工作”（non-travail）[4] 的权利进行保障。《劳动法》第 L. 5421-1 款规定，失业保险金作为替代收入只是为了使非自愿失业的劳动者重新回到就业状态的措施之一。失业保险机制和就业市场相关规则，也就是相关劳动法规范中的就业安置规则密切联系，失业保险和促进就业的特殊措施共同发挥作用。

我们将首先介绍失业保险制度的行政管理组织，然后介绍失业保险的相关标准和内容。

第一节　失业保险的制度管理

负责失业保险的部门包含在公共就业服务中，将以前负责失业安置的服务机构——全国就业办公室（Agence nationale pour l’emploi，ANPE）和负责失业金管理的地方机构——工商业就业协会（Association pour l’emploi dans l’industrie et le commerce，ASSEDIC），以及全国失业补偿机构联盟（UNEDIC）的一个部分重新组合为新的就业服务部门就业局（Pole Emplois）。全国失业补偿机构联盟是一个三方机构，重组后仍由这个联盟通过全国跨行业协议决定享受失业保险的条件。

就业公共服务的任务在于接待、引导失业者以及对他们进行培训促进社会融合。服务的内容包括安置就业、发放补贴、陪伴失业登记人员并对全

---

① 关于协议法律渊源和协议严格服从法律的表述参考：1997 年 3 月 18 日《社会法》（DR. soc）第 1037 页，Domergue J. P。

② Domergue J. P. Le non-emploi//J. Pélissier. Le droit de l’emploi. Dalloz，1999：861.

③ Sans ouvrage 作为无业的另一个法语表达在 20 世纪末不再通用。

④ Ehrel C. Emploi et chômage en France aujourd’hui. Cah. Français 1999：3.

体雇员进行必要的职业安全帮助。2005 年 1 月 18 日促进社会团结的规划草案深刻改变了公共就业服务的组织，从三个层次促进就业（有时称为三个环节）。

为了使就业以及相关就业公共服务行动紧密联系相互协调统一，2005 年颁布的涉及就业服务改革的法律创建全国就业理事会（Conseil National de l'Emploi），由负责就业的部长领导。就业理事会由就业高等委员会组成参与就业战略导向的制定，接受相关就业法律规章、三方协议（国家/全国失业补偿机构联盟/就业局）以及失业保险协议许可等方面的咨询。

前文所述三个层次促进就业，第一个层次是保证就业公共服务，具体包括以下内容：

（1）将全国就业办公室 ANPE 和全国失业补偿联盟部分合并成为就业局负责就业及行业平等的国家层次的就业服务，同时负责失业保险的行政管理。这项措施由 2008 年 2 月 13 日颁布的法律通过并实施。①

（2）成人职业培训协会（AFPA）。

（3）全国失业补偿机构联盟负责相应的法律和协议制度安排。

第二层次是地方集体促进就业。② 正是由于地方在失业者培训方面的特殊竞争力，地区性促进就业政策占有重要地位。

相对于国家层面，地方在社会救助和社会行动方面更具有优势，它在帮助身处困境的公众重新回到职业生涯的过程中扮演重要角色。自 1986 年以来，市镇级政府在和国家及 ANPE 签订协议后开始受理招聘启事发布以及执行有利于所辖公民的就业安置的运作。

第三层次是就业和失业管理③领域的所有参与人员，包括公共部门组织以

---

① Willmann C. Fusion ANPE-UNEDIC et nouveaux droits et devoirs du demandeur d'emploi。Deux lois pour une même logique. JCP S，2008：475.

② 《劳动法》第 L. 5311-2、L. 5311-3；Adele P. A. Ferkane Y，Leroy S. Une nouvelle assurance chômage. RDT，2009：366.

③ 《劳动法》第 L. 5311-4 款。

及提供相关安置服务的私人部门工作人员提供的服务，如就业安置、培训以及失业人员个性化陪同服务。按照《劳动法》第 L. 5132-2 款规定，有些组织、非全职企业、私人安置企业还要和国家签订相关促进就业协议，以帮助有一定社会困难的群体和特殊职业人群。①

就业局作为招聘方面的公共就业服务机构，它的任务包括就业市场开发，招聘启事收集，向雇主提供必要的建议、帮助和中介服务，参与对抗就业歧视并促进行业间平等，接待和陪伴失业人员以及帮助失业人员制定重返就业行动方案，失业人员的行政管理（登记、信息更新、监督失业人员积极寻找工作机会），失业保险金、其他社会团结金或为促进再就业的相关津贴的发放。其中失业保险金的资金来源为全国失业补偿机构联盟，其他社会团结金和津贴的资金来源为国家财政。

2008 年 2 月 13 日颁布的法律第 2008-126 款关于公共就业服务组织的改革中规定维持全国失业补偿机构联盟（UNEDIC）对失业保险进行管理，② 并委托就业促进局负责发放失业金。而 UNEDIC 则向就业局支付所收取的失业保险费的 10％作为管理经费。UNEDIC 同时管理地方机构的补偿基金并对制度的行政和财政运营进行监督。

2008 年的这项法律还规定落实了三方管理原则，即在每个地区就业局中都包括雇主代表、雇主工会组织指定的雇员代表以及全国和跨行业级别的雇员代表。在新的失业保险协议中已经阐明社会各方机构的任务。

自 2011 年 1 月 1 日起企业不再向失业保险的管理机构缴费，而是向社会保障征收和家庭津贴联合会（URSSAF）缴纳。③

所有雇主都需对雇员失业风险进行保障，包括外派雇员（执行临时任务

---

① 按照《劳动法》第 5323-1 款，这些企业自 ANPE 重组后可以进行就业安置。

② 参见 2009 年 2 月 19 日协议第 1 款关于失业补偿的规定。

③ 参见 2008-126 号法律，2008 年 2 月 13 日，第 4 和 5 款；2009-1708 号法令，2009 年 12 月 30 日，并由 2010—1736 号法令修正，2010 年 12 月 30 日。

或移居）中的法国人。[①]

失业保险金的来源主要由缴费构成，社会团结机制主要靠税收筹措资金。

第二节 失业金：失业人员的替代收入

失业保险是建立在风险共担的基础上，将失业风险在在职人口和企业间进行必要的转移。失业保险同时也对失业者收入进行再分配。失业保险金的替代率通常是随工资水平的提高而递减，因此失业保险金是累退的。战略分析委员会认为“法国失业保险制度是保险属性最强的制度之一（贡献和收入比例相关性高），再分配的特征很弱。”[②]

一、失业保险金

失业保险金是针对所有被剥夺就业机会并符合领取保险金条件的劳动者。在他们失业后向他们发放一定数额的重返就业补贴，并提供个性化就业通道（PPAE），通过“激活”替代收入实现再就业。下面首先介绍失业金领取资格，然后介绍失业金替代水平。

1. 失业金领取资格

要获得失业金，第一个条件是失去工作的劳动者必须在就业局进行失业和求职登记，或者在个人再就业行动计划中完成培训。

失业人员需在劳动合同结束后 12 个月[③]内向就业局登记失业，如今登记文件只包含一页登记表和一个失业保险金申请表。就业申请表必须定期更新。失业人员在登记失业后在就业局工作人员的帮助下制定个人再就业行动计划，可以申请参加培训。

第二个有权领取失业金的条件是，登记失业人员至少工作缴费 4 个月。

---

① 参见《劳动法》第 L. 5422-13 款规定，对于公共部门协议外包机构参见劳动法第 L. 5424-1 款规定。

② CAS. Missions et enjeux de l'assurance chômage：une mise en perspective internationale. 2011（211）.

③ 关于期限的规定有若干调整。

如果第一次申请失业金的失业人员仅有 4～6 个月的工作和缴费期，在 12 个月后再次失业，则他需要工作缴费 6 个月才有资格再次申请。这里的工作期限的认定主要是考察劳动合同终止前 28 个月（50 岁以下）或 36 个月（50 岁及以上）。

有权申请失业金的第三个条件是失业是非自愿的。2014 年 5 月 14 日颁布的《失业保险协议附加原则》第 2 款规定，“可以获得失业金的非自愿失业的情况如下：雇员被解雇；按照《劳动法》第 L. 1237-11 款规定的双方协议终止合同；定期劳动合同到期（尤其是项目合同）；由于正当合理理由的辞职；《劳动法》第 L. 1233-3 款中规定的原因而导致合同终止的”。

上述情况中的什么情况属于“正当合理”的辞职理由，这由失业保险主管机构核定。失业保险附加应用许可规则中提到，如果因为配偶（法定同居者）的工作地变迁而随之搬迁不得不辞职的情况下可以认为是非自愿失业，属于有合理理由“可以申请失业金”。

如果失业者满足领取全额养老金的条件，这种情况下不能领取失业金。失业者一旦达到退休年龄则不能作为登记待业人员，无权领取失业金，此时失业者离开劳动力市场而享受退休待遇。①

只有那些身体上适合工作的人才可计入统计失业人员的范围。失业登记证明实际上意味着登记人员符合再就业的身体条件。②

2008 年 8 月 1 日颁布的法律以及 10 月 13 日颁布的补充法令强调了失业人员应履行的义务，它规定了各方参与创建③的个人再就业行动计划（PPAE）的法律基础，并通过实施落实就业供给加强对失业者的监管。

利用失业保险金帮助失业者实现再就业，对每位享受失业金的失业人员提供支持，并努力让他们产生重返就业状态的责任感和承诺，将这一承诺正

① 《劳动法》第 L. 5421-4 款。

② 《劳动法》第 L. 5421-1；失业保险协议（RAC）一般附加条款第 4 款。

③ 《劳动法》第 L. 5411-6s 款；《劳动法》R. 5411-14s 款。

式化后就是个人再就业行动计划，由个人和就业局在登记失业时签字。[①]

个人再就业计划中应说明：

（1）就业的性质和特征，即目标工作固定期限还是无固定期限劳动合同，是全职还是非全职等；

（2）目标工作地理区分；

（3）目标工作的薪酬要求。

以上这些条件构成合理的正当的就业基本要素。[②]

《劳动法》第 L. 5411-6 款规定："失业登记人员必须立即可以就业并积极行动寻找工作机会。"他们登记后应接受满足上述条件的就业机会，[③] 也就是说，所谓合理的就业机会在个人再就业机会中有三个影响因素，可以通过调整这三个因素扩大工作寻找范围，从而改善失业人员的就业前景。三个因素就是上文中提到的关于目标就业的性质和特征、就业地要求和薪资要求。失业人员登记三个月后，符合其资格和能力的工作，同时工资期望为原工资的 95%（注：原工资标准为计算失业金的小时工资标准）被视为合理的工作机会。登记失业 6 个月后，工资期望降为原工资标准的 85%。一年后，工资期望值为所领取的失业金标准就被视为合理的就业机会，但这一标准不应低于该地区和所从事职业的正常工资水平。对此，相关法律也做出了相应的规定：工资期望不得低于地区行业正常工资水平或最低月工资水平和协议最低工资。如果个人就业计划中寻找的目标工作为全职，失业登记人员也无须必须接受非全职的工作。[④]

2. 失业保险金水平

失业保险金的发放对象和条件明确后，关于失业金标准的内容包含两方

---

① 《劳动法》第 R. 5411-14-26-1 款。

② 参考《劳动法》第 L. 5411-6-2/3 以及 R. 5411-14/15。

③ Vericel M. Droits et devoirs des demandeurs d'emploi。Loi no 2008-758. RDT，2009：101.

④ Willmann C. Fusion ANPE-UNEDIC et nouveaux droits et devoirs du demandeur d'emploi：deux lois pour une même logique. JCP S，2008：1475.

面，其一是享受期限，其二是失业金额度标准。

（1）领取期限

2011年5月16日颁布的《全国失业补偿机构联盟协议附加应用规范》第11条规定了失业金领取期限为参加失业保险期限，但有最高封顶期限。也就是说领取失业金的期限在4个月和法定封顶线间。封顶线根据失业者年龄确定。

①失业金领取期限不能超过参加失业保险的期限；

②失业保险最低缴费期为4个月（122天），如果再次申请享受失业金的情况下需要至少在12个月内参加失业保险6个月；

③最高领取期限：50岁以下为24个月（730天），50岁及以上为36个月；

④失业人员在享受全额养老金前都有权领取，2011年1月1日后退休年龄为62岁。[①]

⑤领取失业金的最高年龄限制：1955年1月1日以后出生的为67岁，以前出生的为65岁，之后无权享受失业金。

领取期限有时也可以被削减，比如培训期。[②] 发放安排就业补助或重复申请失业金的情况下领取期限也可被削减。

在领取失业金前存在一个非补偿期，或称失业金等待期。在任何情况下，这一等待期至少为7天。[③] 如果失业人员领取了带薪假期和解除合同赔偿金，且标准高于法律规定最低标准，失业金计算起始日期向后顺延。[④]

如果一个企业雇员在协议解除劳动合同或被解雇时得到超过法律规定的最低赔偿标准，按照2014年3月22日颁布的《全国跨行业集体协议》（Accord national interprofessionnel，ANI），失业等待期延长为：①经济性裁

① 2011年10月25日全国失业补偿机构联盟通报，第2张单（fiche 2）。

② 《劳动法》第L. 5422-2款和2011年失业保险协议（RAC）第12款。

③ 2011年颁布的《失业保险协议》（RAC）第22款。

④ 2011年颁布的《失业保险协议》（RAC）第21款和应用协议（Accord d'application）第8款。

员情况下最高等待期为 75 天；②其他情况下，失业等待期的天数为雇主支付的赔偿金除以 90。最高等待期为 180 天，即当雇主赔偿金为 16 200 欧元时。

以上所提赔偿金为超过法定最低赔偿标准以上的金额，是以和解和协议为目的，或企业在签署“保证就业计划”框架下与员工终止合同所支付的一定金额赔偿金。

失业者有重新申请失业金的权利，可以合并以前失业金领取权限和当前权限。因此，再就业不影响工作期间积累的失业金领取总期限。这一措施是针对那些重返就业状态，但领取失业金的权利并未到期的失业者。

例如，一个处于失业状态的人可以享受 12 个月的失业金。在失业的第 5 个月他找到并开始重新就业三个月，之后又再次失业。在第一次失业登记时确定的一定金额的失业金，在他再就业时继续发放直到 12 个月终止，此时第一次失业金领取权限终结。之后他工作三个月可使他可以再次享受失业金，金额和期限按照再就业的三个月计算。也就是说在再就业的情况下，享受失业金的权利可以重新获得，无论失业者是否继续登记在册。[①] 同时第一次权利终止后，只要累计工作 150 小时（可分几次累计），而且不受 4 个月期限的限制，可再次申请对应的失业金。

（2）失业金水平

失业金标准是根据提交的参考期工资标准计算。这里的参考期是指最后工作日前 12 个月，如果失业人员在最后工作日得到当月整月工资，则包括最后工作日当月以及前 11 个月。[②] 这 12 个月的参考期一定是有报酬的工作期。

这里所说的薪酬工资是指税前工资，也是参考期缴纳失业保险费和劳动合同执行的计算基础。它反映了雇员一般工资水平。[③] 该工资对应的工作小时

---

① 2014 年 3 月 22 日颁布的《全国行业协议》（ANI）关于失业金的规定。

② 2011 年颁布的《失业保险协议》（RAC）第 13 款。

③ 2011 年颁布的《失业保险协议》（RAC）第 14 款。

数最高为每月260小时，超过部分不计入失业金计算范围，这通过雇主开具相应工资证明。①

税前失业金以日补助的形式计算，然后根据当月工作日数按月发放。失业金水平不低于参考期日工资水平的57.4%，自2014年7月1日起，对于月工资不低于2104欧元的失业人员而言这一比例最低为57%。失业金最高不超过参考期工资水平的75%。同时对于非全职工作或受保护的残疾的工厂工作的人员应用特别条款。

二、社会团结补助制度

作为最后一道防线的社会团结补助制度是在一定时期内针对那些由于有酬劳动时间不足，或领取失业金期限已过等原因而无法享受失业金的失业人员。这项制度也针对法律规定的其他未被保障的人群。失业救助作为社会团结补助只是对那些不能或不再享受失业保险金的人员，它属于行政法范畴。②

社会团结补助的资金来源于由公务员缴纳的社会团结费和国家拨款形成的社会团结基金。这项制度的应用范围和制度形式在某些方面看与社会救助极为相近。

社会团结补助的水平与工资水平无关，是一个定额。对于失业者来说，这是他们的最低收入，用以满足最基本的生活水平。

这里主要介绍两种社会团结补助：临时等待补助和特别团结补助。

1. 临时等待补助（L'allocation temporaire d'attente，ATA）

临时等待补助针对以下两类人③：（1）被拘押至少2个月释放的犯人；（2）等待融入和安置的另类人群，包括被遣送回国人员、无国籍人员、难民

---

① 登记失业时超过260小时不被接受的薪酬会对失业者不利，必须加以校正。

② 见2014年4月7日权限裁定法院（Tribunal des Conflits，它是继法国宪法委员会后最高法院）第3946号。

③ 《劳动法》第R. 5423-20款。

以及申请避难人员[①]，部分经历工伤事故而等待职业教育或培训人员、部分遭受非人道对待或被迫卖淫的外籍人员。[②]

以上这些享受临时等待补助的群体的共同特征是无法享受失业金，因此就业和安置比较困难，且他们的收入低于某一最低水平。在实际操作上，以上类别首先在就业局登记和证明失业，虽无权享受失业金，但12个月后可登记申请临时等待补助。

临时等待补助按日定额计算，条件是申请者收入低于最低线。[③] 补助的金额每年由法令颁布确定。金额为每日补贴定额乘以30天。临时等待补贴不缴纳普通社会保险税和社会保险债务偿还税（RDS），但需计入收入所得税。发放期限最长为12个月。对于申请避难人员而言，期限为申请程序持续的时间。

在个别情况下，临时等待补助也会有所区别。如前文所述，发放期限最长为一年。重新审查资格后还可以延长6个月。如果创立公司，也有6个月的补助期。

有些情况下享受临时等待补助还同时可以从事有报酬的工作。是否有资格申请这一补助取决于工资水平和工作时间。工作时间每月应少于78小时或每年少于750小时。

2. 特别团结补助（Allocation de solidarité spécifique，ASS）

特别团结补助是针对那些已经用尽享受失业保险金的权利，且满足相关职业（以前从事的职业活动）条件和收入条件。[④] 同时也针对50岁及以上特殊类别失业者，如自由艺术家等。

除了身体条件适合工作并积极寻找工作两个条件以外，失业者还需满足

① 2011年4月7日最高行政法院（CE）335924号决议，见《法律周刊（行政法类）》（JCP A）第48期第32页。

② Willmann C. Le régime de l'allocation temporaire d'attente. RDSS，2008：960.

③ 《劳动法》第R. 5423-4和R. 5423-26款。

④ 《劳动法》第L. 5423-1至L. 5423-3款。

工作期限条件：即在劳动合同终止前10年中至少5年工作，并有权享受失业金。此外，收入低于设定的最高限。补贴额根据申请人生活状态（单身或非单身）不同而异。对于单身申请者，补贴为每日补贴额的70倍。非单身（夫妻或法定同居）的受益人补助标准高于单身。①

特别团结补贴周期为6个月，可以再次申请，② 在规定条件下从事有报酬工作不影响同时享受补助。③ 相关争议由行政法庭负责处理。④

---

① 《劳动法》第R. 5423-6款。

② 《劳动法》第R. 5423-8款。

③ Kerbouch，J. Y. Le cumul d'un contrat emploi-solidarité et de l'allocation spécifique de solidarité. JCPS，2005：21。

④ 见2014年4月7日权限裁定法院第3946号决议。

第八章

社会救助和社会行动

社会救助和社会行动的对象是那些我们称之为贫苦人、流浪汉[①]、贫困人口[②]、贫穷者、接受救济者、“新贫困人口”、第四世界[③]被排斥人口、无家可归的人、脱离社会人员[④]，甚至还有“有工作的贫困者”。“社会救助和社会行动法”是所有相关制度规则的统称。专业词汇的发展演变也反映了当贫困成为一个公共问题和社会风险，社会必须适应这一状况并逐步脱离传统的慈善[⑤]解决方案的公共诉求。关于贫困术语的演变也反映了贫困的新的表现形式，这种表现形式已经超出单纯的经济上的贫困。法国社会保障的初衷本是消除贫困，让社会救助从社会保障项目中消失。然而，虽然社会救助经历了很多革新和重组，[⑥] 其救助的机制仍然维持至今。不仅如此，我们也观察到，在全国范围内社会保障制度实行的时候，社会救助措施成为很重要的支持机制，即便是对于有工作的人也很重要。

---

① Damon J. La prise en charge des vagabonds，des mendiants et des clochards：une histoire en mouvement. RDSS，2007：933.

② De Gerando J. M. Traité de la bienfaisance publique. Société belge de librairie，1839.

③ Wrejinski J. M. Le Quart-Monde en quête d'un revenu familial garanti. DR. Soc.，1981：131.

④ Castel R.. De l'indigence à l'exclusion，la désaffiliation。Précarité du travail et vulnérabilité relationnelle//Donzelot J. Face à l'exclusion。Le modèle français. Esprit press，1991：139.

⑤ Lafore R. Droit et pauvreté：les métamorphoses du modèle assistanciel français. RDSS，2008：111.

⑥ Borgetto M.，Lafore R. Droit de l'aide et de l'action sociales. Montchrestien press，2009：24.

第一节　发展演变

社会救助和社会行动历经两个阶段的发展：第一阶段是制度性反社会排斥的产生；第二阶段是国家在其中充当了重要角色，首先是救助者，其次是社会政策的设计和执行者，从而社会保障和社会救助界限开始模糊。

一、制度性反社会排斥的产生

政府公共部门开始介入社会救助领域被认为是在20世纪70年代，法国失业问题开始出现时。这一时期开始讨论社会排斥、“社会断裂”、社会融入、社会整合和社会凝聚[①]等基本社会学概念，呼吁社会救助超越单纯的经济救助，解决更深刻的社会问题。

收入的不足只是研究贫困的一个角度。社会上总有一部分人遭受某些非物质方面资源的匮乏，而且由于非物质匮乏的贫困现象越来越多。这两种类型的贫困，即物质意义上的和生活条件意义上的贫困，不能互相补偿。反贫困的公共政策还包括采取其他一些新的行动和举措。如“反社会排斥”[②]就意味着把贫困者看成是被赋予基本公民权的公民，而不是将他们看成是没有很好适应社会的人。关于基本权利论说的结果就是权利的普及化，也常常被立法者表达为“具有……的权利”，比如残障人士具有享受补贴的权利或者拥有住所的权利。

与此同时，社会救助也开始出现了一个“新的法律条件”，即被救助者在享受救助补贴的同时，必须履行就业或从事最起码经济活动的义务。这样做的目的是盘活所花费的社会救助金。社会救助和社会行动改革的核心就是将

---

① Lafore R. Exclusion, insertion, intégration, fracture sociale, cohésion sociale: le poids des mauxÉ. Alfandari, F. MonégerLa protection sociale en cause de la méforme à la réforme. SireyPress, 1997: 803.

② Badel M. La lutte contre les exclusions et la construction de la citoyenneté. RDSS, 1999: 131.

具有“消极”性质[1]的救助金激活，向“积极”的促进就业方面转变。救济政策原本是为了给予有需要的人最低的收入保障，但现实中却是对接受救助者的“陷阱”，保障收入使贫困者局限在依赖国家的境地，从而“陷入贫困”不能自拔。因此，救助政策改革需利用补贴引导促进个人“积极”地从无业状态向就业转变。让领取补贴的人参与到这种行动中来，从而实现对个人尊严的尊重和赋予公民更多的社会责任感。积极的救助措施也同时解决了一个老生常谈的问题，即道德风险的问题。除此以外，对于公共财政的监控以及日益增长的社会保障制度成本也客观促进了积极救助措施的开展，相对于消极救助而言，优先开展积极的救助措施，履行我们有能力履行、又可以缩短救助期限[2]的“社会义务”[3]。

救助的内容同时也包括由于贫困而导致的生活方式以及非物质/非经济方面资源获取，比如教育和文化。公共干预因此会触及新的领域，比如住房、能源或用水以及培训等，也会涉及银行法律法规、财政法律法规，或者社会住房政策等。对社会贫困救助的公共干预也超出了简单的行政事务范畴。

这里我们需要说明几个较难理解的专业术语，社会救助（aide sociale）是和团结（solidarité）或全民团结（solidarité national）意义相近的近义词。在1984年失业补偿制度改革中使用了“保险”和“团结”两个术语[4]，自此以后这种用法就为推崇救助机制的制度性改革者延续至今。正如斯勒维·莫瑞尔（Sylvie Morel）教授强调的那样：“把‘保险’和‘团结’两个术语同时

---

① 一些论文著作中用多种语言提到了关于救助的“积极化”一词：德语的 aktivierende Politik（积极性政策），丹麦语中使用 aktivering（积极化），意大利语的“积极化”使用 attivazione 一词等。Barbier J. C. Citizenship and the Activation of Social Protection：a Comparative Approach//Goul Andersen J. Guillemard A. M.，Jensen P. H.，Pfau-Effinger B. The New Face Of Welfare. Social Policy，Marginalization and Citizenship，Bristol Policy press，2005：113.

② Eichhorst W. Kaufmann，Konle-Seidl R. Bringing the jobless into work? Experiences with activation schemes in Europe and the US. Springer press，2008.

③ Borgetto M. L'articulation des droits et des devoirs dans le champ de la protection sociale. RDSS，2009（3）.

④ 《社会保障法典》第 L. 111-1 款：“建立在全民团结基础上的社会安全网”。

使用是法国制度的特殊性，当设计基于收入调查基础上的救助项目时是不谈论救助的，而是将它称之为‘团结’。所以我们传统所说的保险和救助，就由保险和团结所替代。不过我们需要认识到，将保险和团结两个词放在一起会让人认为这两个概念属同一层面，然而这两个词却性质完全不同：保险是一种手段，而团结则是原则。团结来自不同社会群体间（家庭、所在企业、民族）的相互依赖。它不具有社会保障手段的性质。”我们这里不使用“团结”这个术语，因为它既没有历史基础也没有法律基础。

二、从“地方救助”到某种形式的地区化社会行动①

1953 年关于救助的法律条文②，就规定了由国家、省和地方市镇三方在社会救助中参与组织和筹资的原则，这一原则后来被 1954 年 11 月 17 日和 1955 年 5 月 21 日颁布的法令所补充和完善。省级进行社会救助支出总体预算，经费根据财务指标在国家和地方行政进行分摊，各省间的经费分摊比例也根据津贴的性质有所区别。但是具体实施由省级社会健康等部门直接负责，由省级行政长官职权范围内部署。由于必须对每位申请者的需要进行评估，社会救助属于最靠近被救助对象的地方级别的社会行动。

1983 年 7 月 22 日法律关于社会救助地方化的规定，赋予省级地方有权制定社会救助领域的省级通用法规。自最低收入保障法创建以来，这项法律已经被一些新的反社会排斥的制度安排所补充，在这些制度安排中，地方基层都被调动并参与进来。第 2003-1200 号法律还将最低社会融入收入（RMI）和最低经济收入（RMA）补助管理权在省级基础上下放，相对应国家—省级双重领导，管理权下放给地方被认为更加重要。同时，以前下放给省级行政长官以及省级行政部门的职权从此归省级议会委员会主席所有。省级政府，虽然足够了解地方救助需求，但要保障各个地方基层行动的一致性还是显得过

① Lafore R.. La décentralisation de l’action sociale. L’irrésistible ascension du《département providence. RFAS》，2004/4，19.

② 1953 年 11 月 29 日第 53-1186 号法令。

于宽泛。所以省级政府被授权制定社会救助和卫生保健预防的一般法律。对地方财政起到影响作用。

然而，社会救助地方分权的趋势和推进公共行政地方性重组的“公共政策的总体复审”（RGPP）有少许出入。按照“复审”规定，大区行政长官可以向省级发出“指示”以“保证国家级的社会行动在大区实施的一致性”。2010 年 12 月 16 日关于地方行政区域改革法律以及 2009 年 7 月 21 日有关医院患者健康改革法律（这里简称 HPST 法律）已经重新描绘了在国家范围内职责的分配，在健康领域中，明确规定了医疗社会行动的部署[①]：医疗社会部门的价格规范、保单以及经费自此隶属于“大区健康局”（Agence Régionale de la Santé）管理。

此外，在社会和社会医疗领域省级政府的立法能力并不意味着在统一的等级制度中取得了法律权威。事实上，地方基层议会起到推动和协调的作用，并保证筹资。

第二节　社会救助津贴的二元性

社会救助津贴法律起源于以经济救济的方法解决贫困问题。当人们因未能满足相关条件而无法从社会保险中获得保障权利的时候，社会救助作为补充手段参与进来。社会救助只有在所有个人收入、家庭帮助以及各种社会保障制度和补充社会保障制度等资源都用竭之后才发挥作用，[②] 所以是一种补充和辅助手段。

因此在原则上，社会救助是暂时的。当个人或家庭境况改善，社会救助则终止。相关机构也会对个人的经济状况进行定期重新调查。社会救助也具有个体化的特点。它对于被救助者而言是一项权利，但权利（救助需要）的

① Lafore R. La régulation du secteur social et médico-social après la loi HPST：des règles de plus en plus complexes. RDSS，2011：41.

② Gea F. Aide sociale et obligation alimentaire. Strasbourg 1998：27.

获得以及维持须对个人（或其家庭）的收入进行调查。救助项目和金额也根据受助个人（或其家庭）状况的不同而有所调整。

当前社会救助表现为两个方面的救助：公共社会救助和私人部门社会行动；传统的社会救助，即针对一生中的特殊时期的特殊人群进行救助。共包括六种类别：儿童救助、医疗救助、老年人救助、残疾人救助、住房救助、在特殊情况下法律认为需要的收容和重新适应社会的救助项目。

1989 年创立的最低社会融入津贴（RMI）被认为是“社会保障网下之网”，它是普及型的津贴，保障任何情况下人们都有一份最低收入。就如其名称所示，RMI 是帮助受助人融入社会的政策安排，对行政部门和受助者都规定了以下义务：指派专人个案负责，在接受津贴的三个月内签订社会融入合同，不遵守合同规定的融入义务时给予暂停津贴的惩罚等。最低社会融入津贴的最大不足就是在工作收入少于 RMI 津贴的情况下，人们会从经济上考虑而选择不就业。

随后，法国通过立法将最低社会融入津贴（RMI）用促进就业团结收入（RSA）所替代。① 这是基于收入调查基础上的以家庭为单位的最低收入。这一津贴对就业中的贫困者具有“积极性”，比如在再就业后产生的费用进行补偿（幼儿的看护，交通等）。津贴的数额也紧随收入波动按照季度进行核算和发放。欧洲社会保障发展的趋势就是促进就业，即个人在领取社会救助津贴和就业二者中可以选择的情况下，贫困的减少要通过在经济上鼓励再就业。②

上面所提及的社会救助属于公共救助范畴。除此以外，法国私人部门的社会行动所占的地位也非常重要，对公共救助起到重要的补充作用。特别是在某些领域，公共救助长期缺位，促使了私人部门组织的社会救助行动大力开展。这些私人部门主要是一些协会，如今很多已经重组为联合会，在公共服务领域有时被委以重任。

---

① 见 2008 年 12 月 1 日第 L. 2008-1249 号法律关于促进就业团结收入（RSA）制度普及化以及社会融入政策改革。

② Steck Ph. Ce que le revenu de solidarité active（RSA）doit au modèle social britannique. Informations sociales，2010（3）：34。

第三节 促进就业团结收入

在失业金、养老金或残疾津贴等缴费式的替代收入以外，法国有六种“最低收入”。除了促进就业团结收入（以下简称为RSA），其他五种是非缴费式的。以收入调查为基础，针对某一特定人群的最低收入种类有：（1）老年人社会团结津贴（ASPA），即针对养老金很低或不能享受养老保险的超过65岁以上的老人；（2）成年残疾人津贴（AAH），专门针对残疾人的津贴；（3）鳏寡津贴，针对享受社会保险人去世后对其配偶的补贴；（4）特别团结津贴（ASS），针对失业保险金期满的失业人员，需要证明在此前劳动合同中止前从事过有酬工作。（5）刑满释放人员等的等待融入津贴（ATA），针对那些被拘留或刑满释放人员，被遣送回国人员，难民或申请避难人员，为使他们更好融入社会而发放的津贴。

除以上五种针对特定群体的救助以外，2008年12月1日关于RSA法律颁布以来，RSA替代社会融入最低收入津贴（RMI），并将单亲父母津贴和其他部分家庭津贴整合进来。

RMI是在1988年12月1日经过地方试点后颁布实施的，1992年修订并使其稳定发展，2003年12月18日用法律的形式确定。关于RMI的规定都被系统地整理在《社会行动和家庭法典》第L. 262-1至L. 262-55号关于社会行动和家庭救助法令中。

这一津贴起初主要是针对收入不足而采取的对策，由国家出资保障穷人最起码的生存需要而设立。[①] RMI首先是以货币的形式发放的救助。RMI法律第一款就规定向“所有因为年龄、身体或精神状况、经济或就业状况变动而导致不能就业的人”给予基本生存收入。RMI的政策抱负不仅局限于金钱上的补助，还有其他以促使受助者融入社会的必要救助手段起到补充的作用，

① 这项津贴具有“普遍试用性”。

比如成为 RMI 被救助对象后，他本人及其家庭成员会自动被针对贫困人口的免费医疗救助制度（当前叫 CMU 制度）所覆盖，免收住房税并给予住房补贴。这种救助手段的中心并不是权利和义务对等的原则，而是在最低收入以外为促进融入社会而为贫困者提供津贴和服务。然而，这项政策安排被认为效率不高。[①] 原因是最低收入保障机制过于复杂，不足以鼓励贫困人口再就业。

而后，经过在法国 34 个省[②]的一系列实践，在 2008 年 12 月 1 日第 2008-1249 号法律改革了社会融入救助政策[③]并推广促进就业团结收入，也就是 RSA 制度。它取代过去 RMI 以及对单亲父母的补贴，并整理在“社会行动和家庭法”相应的条款中。2008 年 12 月 1 日颁布的法律规定，实行 RSA 的目的是“保障受助者以体面的方式生存，对抗贫困，鼓励从事经营或重返职业活动，并帮助他们融入社会”。《社会行动和家庭法典》第 L. 262-1 款还将反“在职者（包括雇员和非雇员）的贫困”[④] 作为 RSA 的目标。

从立法者的角度，RSA 的政策目标可以概况为以下三点：（1）对所有人的最低收入的保障，同时保证他们多劳多得；（2）对于工作收入较低的家庭，RSA 起到补充作用；（3）对于 RSA 的受益人和家庭不仅给予经济上的补助，还为他们更好地融入社会，实现就业或再就业而提供社会和职业陪伴服务。

RSA 的重要特点是个性化服务，对发放给非就业贫困者和在职贫困者[⑤]的津贴进行监管。

RSA 对于被救助者的条件要求将在下文第一部分中阐述，接下来在第二

---

① 家庭委员会（Commission familles）、社会团结部、健康部和家庭部 2005 年 4 月的报告《脆弱、贫困》。

② 全国家庭津贴基金局. RSA 津贴受益人的路径 [J]. 社会和家庭政策，2013，9（113）.

③ 参见 2008 年 12 月 3 日《法国官报》（JORF）。

④ Laborde J. P. Garanties de ressources et garanties de revenu（s），brève tentative d'identification d'un couple. Dr. Soc.，2012：75.

⑤ Damon J. Travailleurs pauvres：de quoi parle-t-on? DR. Soc，2009：292.

部分中介绍津贴发放的数额。最后我们在第三和第四部分中介绍社会融入计划的政策安排以及 RSA 的经费来源。

一、受益人的资格条件

《社会行动和家庭法典》第 L. 262-2 款规定，“所有长期并确实居住在法国，其家庭收入低于保障标准的居民”都有权享有 RSA，即促进就业团结收入津贴。申请 RSA 补助需要满足年龄、居住以及收入等几个条件。

《社会行动和家庭法典》第 L. 262-4-2 款规定，享受 RSA 补助的需要是法国籍或者持有至少 5 年以上工作居留证的居民。① 享受 RSA 津贴的最低年龄是 25 岁。但在有一个或多个新生儿（包括即将出生）需要抚养的情况下没有这个年龄的限制。② 18 到 25 岁期间，在申请 RSA 补助前如果证明已经工作超过某一期限，满足条件下的也可享受 RSA 补助。③

《社会行动和家庭法典》第 L. 262-5 款还规定，RSA 津贴领取者还需具有的条件是：他的配偶、同居者或签过同居协议的伙伴是法国人或者至少 5 年以上工作居留证的居民，④ 而且不应属于以下两种情况的任一种：父母假、长假（带薪或不带薪）、不带薪休假或公务员停薪留职。同样，“非来自欧盟成员国、欧盟经济圈⑤或瑞士联邦的外国人，如果申请 RSA 补助，其未成年子女还需要满足《社会保障法典》第 L. 512-2 款法律规定的条件。”⑥

关于居留权方面，法律还规定了“永久居住”⑦ 的条件，不过在实施上如

---

① 这一政策安排不涵盖难民、无国籍或无合法居留者，以及按照国际协议的其他具有等同居留证的人。按照《社会行动和家庭法典》第 262-9 款规定，适用于单独生活的人。另参考 Donier V. Les ambivalences du critère de la résidence dans le cadre du Revenu de solidarité active. RDSS，2012：63.

② 《社会行动和家庭法典》第 L. 262-41 款。

③ 2010 年财政法第 135 条；2010 年 8 月 25 日第 n°2010—961 号法令。

④ 法国宪法委员会，2011 年 4 月 7 日，第 2011—137DC 款，《司法期刊（A 卷）》（JCPA），2011 年第 48 期，第 31 页。

⑤ 欧盟经济圈＝欧盟成员国＋冰岛＋挪威＋列支敦士登。

⑥ 也就是说在家庭津贴意义上讲，未成年子女确实并长期归其本人负责。

⑦ 《社会行动和家庭法典》第 R. 262-5 款。

果不够所规定的期限，RSA 补助数额只是按照在法国居住时间的一定比例减少。[①]

在确定 RSA 的时候，家庭所有成员的收入都须考虑在内，个别具有特殊社会目的的津贴或救助除外。这里的收入尤其指家庭成员的职业收入[②]，家庭津贴（以上提到的具有特殊社会目的的津贴除外），住房实物补助[③]，定额住房补助[④]，以及动产、不动产和资本取得的收益[⑤]。补贴的数额是根据申请或重新审核前三个月平均月所得收入为基础计算。然而，其他津贴项目，如家庭津贴、成年残疾人津贴（AAH）、定额住房补助等都计算在当月收入总额中。按照《社会行动和家庭法典》第 R. 262-37 款，“RSA 救助津贴的领取人必须向负责津贴管理服务的部门登记关于他的居住地、家庭状况、职业、收入、家庭成员财产等相关信息。如果在上述信息的任何一项或多项发生变化时也应及时通知津贴管理机构”。《社会行动和家庭法典》第 R. 262-83 款还规定，RSA 补贴的领取人需要履行信息申报的义务，“每年至少一次提供相应票据证明符合补贴领取的资格，特别是收入证明”。

二、RSA 补贴额度

《社会行动和家庭法典》第 L. 262-2 款对“保障收入”（Revenu Garanti RG）进行了定义，它相当于一个定额（或称最低保障收入；Revenu Minimum Garanti，RMG）加上家庭收入（Revenu du Foyer，RF）的一定比例。即：

保障收入（RG）＝定额（RMG）＋家庭收入的一定比例（$RF\times100\%$）

以上两部分的具体数额在同一法典中第 L. 262-3 款中详细确定。

RSA 津贴是以家庭为单位发放的差额补贴。它是法律规定的保障收入和

① 全国最高行政法院（CE），2014 年 4 月 30 日，《社会卫生法律期刊》（RDSS），2014：755，Donier V. 记录。

② 《社会行动和家庭法典》第 L. 262-3 和 R. 262-8 款。

③ 《社会行动和家庭法典》第 R. 262-9 款。

④ 《社会行动和家庭法典》第 R. 262-10 款。

⑤ 《社会行动和家庭法典》第 R. 132-1 和 R. 262-6 款。

家庭收入总额的差额[1]。即：

$$RSA = RG - RF$$

它是辅助性或补充性社会政策，也就是说要享受 RSA 津贴，申请者首先要拥有法律法规规定的一些其他社会津贴或抚养费的权利。

RSA 救助制度的一个基本特点就是它双重性：

(1) 对于无职业且无收入的人，RSA 是最低收入保障 RMG，或者称其为基本 RSA 补助。它由相关法律条文确定，并且每年重新估算[2]。然后按照家庭的组成不同，在这一基本补助基础上增加一定比例，具体如下：

①共同生活的家庭中第二个家庭成员增加比例为 50%；

②家庭中每增加一个抚养人口，补助增加 30%；

③对于有子女需要抚养或其他小于 25 岁人需要抚养的情况，从第三个子女或第三个人开始，增加的比例为 40%，配偶、同居者除外。[3]

除此以外，父亲或母亲单独抚养子女的情况下，RSA 补助金额有所增加。

(2) 对于有经济收入的人或在职贫困者，要保障的收入金额等于定额最低收入标准加上经济收入的一定比例。[4] 经济收入也就是职业收入（Revenu d'Activité，RA）的一定比例（当前规定为 62%），有时被称为“职业收入红利”构成了 RSA 制度的最初始原则，即通过“收入分红”达到促进就业，通过 RSA 补贴，使得被救助家庭或个人收入达到“保障收入”（RG）的水平。

因此，RSA 补助的计算公式可以总结如下：

$$RSA = RMG + 62\% \times RA - RF$$ [5]

从以上公式中可以得出，当职业收入超过某一水平时，RSA 补助为零，这一水平被称为 RSA 制度“退出点”。此时因为职业收入增加使家庭总收入

---

① 《社会行动和家庭法典》第 L. 262-2 款。

② 《社会行动和家庭法典》第 L. 262-2 款。

③ 2010 年 1 月 17 日《法国官报》(JORF)。

④ 本可以享受 RSA 职业收入补助的受助者中 62 %的人并不行使这项权利。

⑤ 见《社会行动和家庭法典》第 L. 115-2 et L. 262-2。

可以保证满足最低收入保障。

“RSA 基本补助”的数额相当于最低保障收入水平 RMG 与受助者全部收入的差额。对于没有任何职业收入的人来说，他所得到的只是“RSA 基本补助”。RSA 补助领取者的范围被严格限定在过去 RMI 制度（最低社会融入收入制度）被救助人、API 制度（单亲父亲或母亲津贴）以及再就业奖励制度所救助的对象。

RSA 额外补助（RSA“chapeau”）对应的是受助家庭的职业收入的一定百分比，加上“RSA 基本补助”。① 前文已经提及到，RSA 是对有权享有抚养费、有权享有退休或未成年儿童社会救助等其他救助制度的辅助性制度。②

法律没有规定关于 RSA 补助发放的期限，只要受助者职业收入低于规定的保障收入（保障收入是根据家庭负担不同确定），RSA 补助就相应的发放，它的数额随着收入的增加而逐渐减少。

2008 年 12 月 1 日法律赋予省级行政长官以决定受助人和津贴发放资格的权限，地方行政长官可以全权委托家庭津贴基金管理局（CAF）或农业互助会（MSA）管理。③

三、融入制度安排

如何定义、管理、评估融入政策属于省级行政议会的职责范围。④ 它也是唯一有能力开展在省级范围内促进社会融入计划的部门。⑤

正如《社会行动和家庭法典》第 L. 262-26 款规定，“促进就业团结津贴的受助者有权享受由专人组织的社会和职业适应配套服务。在这一点上要求受助者要享受这项权利，同时也要履行义务，即受助者及其配偶、同居者签订同一法律第 L. 262-33 至 L. 262-35 款规定的有关积极就业计划合同”。

---

① 对于个人而言，其全职（按照每周 35 小时工作）工资不能超过 1.04 倍最低工资。

② 《社会行动和家庭法典》第 L. 222-3 款。

③ 《社会行动和家庭法典》第 L. 262-26 至 L. 262-39 款。

④ 《社会行动和家庭法典》第 L. 115-2 款。

⑤ 《社会行动和家庭法典》第 L. 263-1 款。

因此，“个性化社会指导的权利”不仅局限于受益者个人，而且关系到其家庭的整体：配偶、伴侣或同居者等和他共同生活的人。

负责社会支持项目的机构由地区议会主席指定。不过一般优先委托就业促进局（Pôle Emploi）、就业安置机构，特别是“促进就业之家”（译者注：协助构建劳资桥梁的公共服务机构，Maison de l'emploi）。除了因居住条件或健康条件暂时不能进行积极寻找就业以外，受助者将接受政府或机构组织进行社会融入指导。[①] 负责就业指导的机构会指派专人进行一对一的服务。但是，在进行职业融入指导的情况下，负责的专人“根据受助人的情况，考虑其困难，如果认为另一个机构更适合给予受助者以必要的指导和帮助”，[②] 他可向地区议会主席建议启动新的指导程序。

《社会行动和家庭法典》第 L. 262-32 款规定了促进就业团结补助受益人必须签订一个“协议”，也就是“确定接受指导和促进就业支持制度安排的执行和方式的协议”。

这个“指导协议”涉及多个部门和个人。首先地区行政长官，他做出对RSA 补贴受益人进行就业指导的决定，并按照《社会行动和家庭法典》第 L. 262-32 款在合同中规定受益人、国家、就业促进局、家庭基金管理局、农业互助会基金管理局以及市镇或跨市镇社会行动中心负责人等各方应尽的义务。根据地区不同，“指导协议”有时还联合“促进就业之家”或结合地方性的促进就业和社会融入长期计划进行组织实施。

在具体执行上，前文提到的两类受益者（无职业和在职的）又分为三种具体情况。第一种情况，是接受就业促进局指导的受益人；第二种情况是接受其他就业促进或社会融入组织指导的受益人；第三种情况是已经接受过社会融入指导的人。

接受就业促进局指导的受益人同所有登记失业人员一样，和就业局的专

---

① 《社会行动和家庭法典》第 L. 262-29 款。

② 《社会行动和家庭法典》第 L. 262-30 款。

人共同制定个人就业计划，而无须和所在地区其他机构签订某种社会融入合同。

如果受益人没有接受就业促进局指导，而是接受其他就业促进组织指导，需要在一个月内和所在地区当局签订“融入合同”。这个“融入合同”是经过双方自由讨论而订立的，合同中列举受助者和救助者双方在促进社会融入方面的义务以及受助者承诺通过切实的行动积极寻找就业机会。“合同”需要考虑个人的基本情况（特别是受教育情况）以及外部因素（如地方经济和劳动力市场状况）以确定目标就业的性质和特征、优先考虑的地区以及目标工资水平。

RSA 政策受助者和失业人员一样，可以拒绝两个以上合理的就业机会。[①] 如果受助者没有按照“合同”规定的条款，促进就业指导机构则向地方行政长官汇报，并有权全部或部分中止津贴发放。为了使 RSA 救助制度更具有积极性，2012 年 3 月颁布的法令[②]加强了对不遵守合同约定，不采取积极措施的情况下采取阶段中断机制。法令规定了受助者资格在哪些条件下可以被取消，并明确中止资格的决定只能在规定程序结束后执行。相关争议归行政司法部门主管。[③]

最后，对于那些已经接受过社会融入指导的受助者，需在 2 个月内订立“融入合同”。省有关部门委托缔结“合同”，并委托其合作伙伴、特别是市镇或市镇社会行动中心、协会或家庭津贴基金管理局（CAF）执行“合同”规定的社会融入任务。

当津贴领取人没有工作，其收入水平不高，他就具有积极寻找工作、着手创建企业或采取其他更好融入社会或职业生活的必要行动的义务。[④] 然而，如果他是独自抚养孩子的单亲父/母亲，也会考虑到他/她照看孩子的义务。

---

① 《社会行动和家庭法典》第 L. 262-35 款。

② 2012 年 3 月 1 日第 2012—294 号法令关于 RSA 津贴收益者指导、中止以及除名程序的规定。

③ 《社会行动和家庭法典》第 L. 131-4 款。

④ 《社会行动和家庭法典》第 L. 262-28 款。

四、RSA补助制度的筹资

《社会行动和家庭法典》第L. 262-23规定，RSA补助制度是由省和国家两级政府共同筹资。省级政府负责原来的最低社会融入收入（RMI）救助制度以及单亲父亲或母亲津贴制度转移到RSA补助制度的部分，就是RSA基础补助。而国家则负责RSA救助制度总支出中除省级政府筹资部分以外的部分，也就是RSA额外补助部分。①

国家承担的RSA额外补助部分的具体资金来源是全国促进就业团结基金（FNSA）。《社会行动和家庭法典》第L. 262-24款第Ⅰ条第四段明确规定，“全国促进就业团结基金负责RSA补贴制度总额与各省自筹的差额部分”，还规定了“国家同时还负责制度运行费用和第L. 262-16款规定的有关机构报告的部分管理费用”。

普通法规定“RSA基础补助”部分，即相当于定额收入保障部分（原来RMI和API制度规定的基础部分）由省级负责，而FNSA负责RSA额外补助部分，也就是由于职业收入增加的额外保障部分。需要额外说明的是，和普通法不同，针对18至24岁的年轻人的促进就业团结补助RSA制度，自2010年起全部由国家通过FNSA负责。

法国曾计划从财政预算中拨专款给全国促进就业团结基金，但截至目前还没有落实。

全国促进就业团结基金的资金来源是“根据《社会保障法典》第L. 245-14款和L. 245-15款规定社会保障附加费。这种附加费的确定、监控、收缴和应付性等和其他社会保障适用同样条件和惩罚措施。缴费率为1.1%，且不能超过这个标准”。② 因此，资本性收入的社会捐税率则从11%提高到12.1%。在法国，全部的资本收入和投资收入（寿险、分红、利息收入、增值收入）都要缴纳额外社会捐税。个别储蓄投资除外，比如短期储蓄账户、持续发展储

① Rihal H. La généralisation du revenu de solidarité active. *AJDA*，2009：198。

② 《社会行动和家庭法典》第L. 262-23-Ⅲ。

蓄账户、青年账户以及大众储蓄账户不在缴纳之列。缴纳的税费全部进入全国促进就业团结基金。

全国促进就业团结基金由会计咨询机构管理，该机构的构成、委员的任职资格条件、运行方式等由有关法律法规确定。[①] 法国信托局（Caisse des Dépôts et Consignations）对其管理进行担保。

① 2009年1月9日第2009-30号法令. 法国官报（JORF），2009-01-11.

第九章

普通社会保障制度的资金筹措

普通社会保障制度是一个“非常了不起的社会机器，一方面通过制度集中资金，另一方面通过对医疗、退休、福利发放而对社会进行再分配”。[①]

社保基金管理部门并不能单独确定收缴费用的水平，这一责任由各公共权力部门负责。[②]

普通社保制度的第一大资金来源仍然是社会保障缴费，或称分摊金。2010年，法国缴费收入所占比例为所有资金来源的69.6%，由雇主缴费和雇员缴费构成，分别占三分之二和三分之一。

下面首先介绍社会保障的收入来源（第一节），然后介绍社会保险费的资金征收机制（第二节）。

第一节　普通社会保障制度的资金来源

资金来源的最大部分是雇主和雇员的缴费，其基础是工资水平（见下文“一”部分）。除此以外，社会保障组成部分中个别内容还有其他补充资金来源（见下文“二”部分）。

---

① Prétot X. Table ronde. Le financement de la sécurité sociale. Grands dossiers Prot. Soc,. EN3S, 2006-09-24.

② Laroque P. Social security in France//S. Jenkins. Social security in international perspectives: Essay in honor of Eveline M。Burn. Columbia Univ。Press, 1969: 171.

一、社会分摊金

按照宪法委员会的表述，“向社会保障制度缴纳的社会分摊金是以强制参加为基础和特征，由雇主和雇员缴费构成。只有缴纳社会分摊金，才可能获得社会保障补偿和相关服务”。缴费按照规定的基数和依风险确定的缴费比例计算。

1. 缴费基数：薪资

《社会保障法典》第 L. 242-1 款规定，“社会保险、工伤、家庭津贴等的缴费按照工资基数计算，所谓薪资指支付给劳动者的劳动所得，尤其是工资收入，带薪休假补贴等所有补偿性收入和各种形式的奖金收入，以及直接得到或通过雇主得到的小费”。[①]

这项源于 1954 年 3 月 20 日法律的规定，内容很宽泛，也反映了当时立法者尽量扩充社会保障资金来源的意图。最高法院解释称，“（社会保障计算基础）是雇主支付酬金，而不是从事职业活动的性质决定必须强制参加社会保障。”[②]

这一宽泛的司法解释在现实中有很多争议。相关案例中法院通常倾向于把这一概念延伸，[③] 最高法院全体会议[④]认为，“所谓薪资报酬是指企业支付给劳动者的总报酬，无论是以志愿者的身份，或者在国外工作的情况，只要企业因为雇佣关系支付给雇员工资，所支付的总数都属于薪资报酬。”

薪资报酬不存在特殊的存在形式，大部分职业福利都属于薪资报酬范畴；一部分职业福利不属于薪资报酬，这部分则免除社会保障缴费。

（1）缴费基数构成元素

这里区分货币工资和实物工资两种形式。

---

① Coursier Ph. Rémunération et protection sociale：un couple infernal. Gazette du Palais，2011（350-351）：32.

② 见 2004 年 5 月 22 日民事第二法院，《司法周刊》（JCP）第 IV. 2409

③ 见 1989 年 5 月 31 日，最高法院社会庭（Soc.）通报 V. 第 253 页。

④ 全体委员会 1972 年 1 月 28 日通报第 1 部分。

①货币工资

“《社会保障法典》第 L. 242-1 规定，社会保障缴费的主要原则是整合缴费基数，免除社保费用只是特例。”[①]

合法的或约定的底薪和法定增加部分（如加班工资）的总和为缴费基数，即固定工资[②]部分加浮动工资[③]两部分。也就是说薪酬的计算方法对缴费基数的计算没有实质影响。

②实物工资

作为缴费基数的实物工资包括免费使用企业财物、服务以及实物分红。如何评估这些实物的价值，这个问题的回答可以参考各类通报，[④] 从而每月确定[⑤]如食物、住房等实物工资的价值。其他实物工资的价值评价则根据企业为此支付的费用而定。关于实物工资的司法实践更为复杂，[⑥] 比如企业发放的工作服是否属于实物工资，相关的争议很大。[⑦]

（2）非缴费基数

社会保障津贴、补助（由社会保障部门发放或有时由雇主代替发放），包括医疗保险、生育、残疾、死亡、工伤等保险以及家庭津贴等，以上内容不

---

① Choppin Haudry de Janvry S. L'assiette des cotisations de sécurité sociale Rapp. C. Cass. 1994.

② 1991 年 11 月 28 日 Soc.《社会司法期刊》（RJS），1992 年第 68 期。

③ 1992 年 4 月 16 日 Soc.《社会司法期刊》（RJS），1992 年，第 786 期。

④ 关于可免除社会保障缴费的职业消费参见 2002 年 12 月 20 日颁布的法令，2003 年 1 月 7 日《部门通报》；2005 年 7 月 25 号法令（修正了 2002 年 12 月 20 日法令）。

⑤ 评估参考最低工资标准或行业协定，或者按照雇主和雇员的协议，相关规定见 1993 年 7 月 22 日 Soc.《社会法律》（Juris. Soc.），第 93-565 期第 365 页。

⑥ 1988 年 12 月 14 日 Soc. 第 V 卷通报，第 663 号内容（米其林轮胎）；1983 年 5 月 4 日 Soc. 第 V 卷通报第 232 号（SEITA 烟草公司），1996 年 5 月 23 日 Soc.，《社会司法期刊》（RJS）1996 年第 784 号（银行借款）；1973 年 11 月 21 日 Soc. 第 V 卷通报，第 595 号（法国电气公司 EGF）；1996 年 6 月6 日和 27 日 Soc.，CSB，1996 年第 84 期，第 297 页。Vachet G.，“社会保障分摊金：实物工资和职务费用”（Cotisations sociales：avantages en nature et frais professionnels），《司法周刊》（JCP）S 卷，2008 年，第 49 页。

⑦ 这里的工作服指除了保护装备外的所有服装，参考 1978 年 3 月 22 日 Soc. 第 V 卷通报，第 229 号，以及 1993 年 11 月 25 日《社会司法》（Juris。Soc.），冶金工业行业联合会（UIMM），1994 年，第 40 页。

计算在社会保障缴费基数内。①

此外，雇主“因雇佣关系”发放的某些款项不计入缴费基数。比如，职务消费的报销（《社会保障法典》第 L. 242-1 款②），它包含在雇主雇佣承诺中。③ 定额职务消费补贴的证明由雇主以任意形式提交，在法律上只要求这一定额是雇员实际消费的一个百分比。④

劳资双方的社会保障缴费都应以税前薪资（毛工资）为基础计算。雇主缴费部分不属于薪资的一部分，因此不在雇员薪资中抵扣。雇员的社会保障缴费额单个计算。

还有些项目作为“社会性收入”可以免除社会保障缴费。2004 年 8 月 13 日颁布的法律设定了国家赔偿不缴纳社会保障费的原则性规定。⑤ 然而，2005 年 8 月 2 日通过的一项法律又将这个原则修订为“社会保障财政法可以创建和修改非强制基础社会保障制度减免办法。”

《社会保障法典》第 R. 242-1 设定了一个以最低工资为基础的最低缴费基数原则。这个标准可以用协议最低标准替代。⑥ 不过，这条规定也有很多关于劳动者身份以及薪资条件的例外条款。⑦

2. 缴费计算和比率

社会保险缴费费率的确定一般按保险险种不同而不同，比如医疗保险、养老保险和工伤保险、上下班途中事故保险以及职业病保险等确定缴费水平

---

① 《社会保障法典》第 L. 242-1 款。

② 1972 年 1 月 7 日社会庭（Soc.），《社会法》（DR. Soc.），1973：66。

③ 1994 年 11 月 24 日社会庭（Soc.），《社会司法期刊》（RJS），1995：65；1996 年 6 月 20 日社会庭（Soc.），《CBS》1996 年，第 84 卷，第 298 页；1995 年 1 月 12 日社会庭（Soc.），《CBS》1995 年第 69 卷，第 141 页；民事第二法院，2009 年 6 月 25 日，第 08-17。156。

④ 2013 年 6 月 20 日社会庭（Soc.），《拉米社会法律期刊》（JSL）2013，349：（18）. Lalanne F. 记录。

⑤ 《社会保障法典》第 L. 131-7 款。

⑥ 1974 年 2 月 13 日社会庭（Soc.），《通报》第 V 卷（BulL. V,），第 111 号。

⑦ 例如，定额社会保障缴费的雇员，参考《社会保障法典》第 L. 241-2；视同雇员人群，参考《社会保障法典》第 L. 311-3 款；宾馆饭店业雇员，年轻雇员，参考《社会保障法典》第 R. 141-1 款；以及残疾人雇员。

的方法都不同。还有些则有例外条款规定，比如对某些劳动者和视同劳动者的定额社会保障缴费。[①]

（1）医疗保险和养老保险费率

医疗社会保险和养老社会保险的缴费由雇主和雇员共同负担，这里的医疗社会保险包括疾病、生育、死亡和残疾。超过封顶线部分的养老保险缴费由雇主单独负担。雇员单独负担寡居保险。这里的封顶线是指需要缴纳社会保险费的薪酬缴费基数，即缴费封顶线，每年由相关法令确定，[②] 超过这一封顶线的薪酬部分不缴纳社会保障费。社会保障缴费率也是变化的，具体变化由法令确定。[③]

每年年底，雇主应将当年缴纳的社会保险费[④]进行统计，并作为“企业年度社会数据”（DADS）内容之一申报。目前，越来越多的企业年度社会数据由电脑支付软件自动生成。

（2）工伤和职业病保险费率

工伤和职业病保险只由雇主缴费，费率每年由法国退休和劳动健康保险管理局（CARSAT）[⑤] 按部门[⑥]确定。每个部门使用一个统一费率。

费率的确定采用“现收现付”制，即每年社会保障分摊金确定的是覆盖当年发生的工伤事故和职业病所支付的总体费用。也就是说，当期的补助金相当于工伤和职业病相关的费用支出。[⑦]

工伤保险缴费率的确定考虑五个要素[⑧]：毛缴费率和四个加项。

---

① 比如实习生，家政服务人员或儿童的住家外国青年保姆等。

② 《社会保障法典》第 D. 242-16 款；“2000 年封顶线”，参考《Lamy 社会周刊》（Semaine Sociale Lamy），1999 年 12 月 20 日，第 2 页。

③ 参考宪法委员会，1994 年 1 月 13 日，第 93-325 DC 号决议，GADSS 第 17 期。

④ 《社会保障法典》第 R. 243-10 和第 R. 243-12 款。

⑤ 《社会保障法典》第 L. 242-5 和第 D. 242-6；1995 年 10 月 16 日法令，1995 年 10 月 18 日《法国官报》（JORF）；1995 年 10 月 17 日法令，1995 年 10 月 18 日《法国官报》（JORF）。

⑥ 关于部门的定义参考 1961 年 3 月 20 日最高法院社会庭（Soc.）第 IV 通报（BulL. IV），第 380 期。

⑦ 宪法委员会，1994-01-13，Mathieu B；LPA，1995-03-29，38：7.

⑧ 《社会保障法典》第 D. 242-6s 款；1995 年 10 月 16 日法令和 1995 年 10 月 17 号法令。

费率分两步确定，首先 CARSAT 的费率部门将每个机构按照生产经营活动和职业风险分类，[①] 然后由企业全体员工决定费率模式。[②] 这样就产生了适用特定企业的费率。

费率的确定反映了“资本风险再分配”的机制。每年所收缴的保险费都是为了抵消当年预计发生的工伤和职业病而产生的支出。也就是说，当年的补贴数额相当于资本对工伤和职业病付出的“租金”（Rente）。[③]

毛费率取决于两个因素，工伤和职业病的风险（这里不考虑上下班通勤事故），以及过去三年参考期的工资总额。

工伤和职业病保险的独特之处在于企业间的缴费率是不同的：员工越多，费率则越个性化。具体有三种费率形式，即集体费率、个性化费率以及混合费率。

费率的确定模式根据企业员工人数多少。对于少于 20 人的企业[④]费率采用集体费率，这个集体费率是国家根据每个行业的风险确定的。[⑤] 考察行业风险和确定费率是建立在对每个行业的风险统计数据集成之上，在集体费率基础上加上三个增加项。

混合费率应用于员工人数在 20 至 149 人的企业。这一混合费率包含两个部分，一部分是按照行业活动分类的集体费率，另一部分是按照自身财务状况确定的特定费率。[⑥] 两者比重根据员工人数确定，人数越多越倾向于反映企业自身的特定费率。

---

① 2010 年 5 月 6 日第二民事法院，《社会法律周刊》（JCP S），2010 年第 29 期，第 37 页，T. Tauran 记录。

② 费率模式是指保险机构确定适用费率的所有规范的统称。

③ Mathieu B. 的评论发表于 1995 年 3 月 29 日第 38 期、第 7 页 LPA。

④ 2010—753 号法令确定了工伤和职业病的费率规则，参考 2010 年 7 月 7 日的《法国官报》（JORF）. Voxeur M.，des changements importants mais un rendez-vous manqué. JCP S，2010（30-34）：3.

⑤ 全国技术委员会和同质风险统计共同确定，参考最高行政法院 1999 年 11 月 29 日，《社会司法期刊》（RJS），2000：211。

⑥ 集体费率占企业整个应用费率的比率和企业的员工人数呈反比，也就是说，人数越多，集体费率的比重越小，企业自身财务状况越能决定最终费率。

超过 150 人的企业应用个体特定费率。费率是根据企业自身财务状况确定，在此基础上加三个增加项。

集体费率和混合费率模式的计算基于行业的“风险价值”，这一价值包含两个变量：其一是工伤事故和职业病致使医疗和停工的数量，以这一数量值乘以该类型病变导致的平均成本。按照停工时间，共存在六种暂时能力丧失的分类。停工的时间越长，成本就越高。[①] 计算结果加上下面介绍的第二个变量。

第二个变量是导致死亡和永久部分丧失劳动能力的工伤职业病数量，以这个数量乘以相关病变或工伤类别的平均成本。《社会保障法典》第 D. 242-6-6 还规定了 4 个费率增加项：①通勤事故项 $M1$；②职业风险管理费 $M2$；③特别赤字补贴 $M3$；④向养老退休保险制度转移费 $M4$。

为了强调费率确定机制中鼓励预防性的重要特征，立法者通过对工伤和职业病进行惩罚性（提高费率）和奖励性（降低费率）[②] 以及增加通勤事故险项[③]等措施鼓励企业重视预防。

（3）特别工种缴费规定

自 2015 年起，针对私人部门涉及繁重工作的雇员的退休制度，法国开始创建预防繁重工作个人账户。这个账户所存的点数可以作为在领取工资的条件下减少劳动时间，或提前退休的依据。

这项制度安排的资金按照《劳动法》新的缴费规定筹措包含：①一般缴费，为法律规定的工资限额内，雇员毛工资的 0.2%；②附加缴费，即法律规定的工资限额外，包含一个繁重因素的工作缴费率在 0.3%到 0.8%之间，多个繁重因素则在 0.6%至 1.6%之间。[④]

① 《社会保障法典》第 D. 242-6-6。

② 这项措施应用于参加集体费率和混合费率的企业，参考《社会保障法典》第 L. 242-7，D. 242-6-6 和 D. 242-31。

③ 上下班途中交通事故保险项应用于所有企业，参考《社会保障法典》L. 242-7，D. 242-6-9 和 D. 242-33 款。

④ 《劳动法》第 L. 4162-19 款。

二、其他资金筹措来源

一般社会保障制度的资金筹措渠道较为多元化。一些社会保障项目筹资来源是专门课税，[①] 并由社会保障和家庭津贴联盟（URSSAF）、社会保障机构经办中心（ACOSS）负责征收。一般社会缴费（CSG）和社会保障债务补偿缴费（CRDS）[②] 标志着除缴费以外的筹资形式。此外还有“社会保障统包费”，由2009年社会保障资金筹措法创立。

1. 专有税种（ITAF）

一般社会保障的发展特征之一就是根据制度财政和改革建立起来的“多渠道”收入来源。通常都是先暂时添加社会保障税费，之后就将其制度化和长久化或加以修正为专有税种。社会保障专有税税种包含不同种类税收的总体，这些税种的共同特征是填补社会保障支出。历届政府开始鼓励和加强专有税种与社会保障的筹资功能，为减轻雇主和低工资雇员的缴费负担而努力。一些税种全部为资助一般社会保障制度或其某个分支而设，另一些还惠及其他制度。我们列出部分税种如下：酒精饮料分摊金；[③] 医药类批发销售机构缴纳的分摊金；[④] 药类加工企业缴纳的分摊金，或称“广告税”；[⑤] 药类单一或多元经营企业分摊金；[⑥] 健康产品生产、进口、分销企业分摊金；[⑦] 药品实验室

---

① 例如宪法委员会于1982年1月14日第82-152决议，《公共法期刊》（RD. PubL.）由L. Favoreu记录。或者1990年12月28日宪法委员会第90-285号决议，《1991年社会法》（DR. soc）第338页，有Prétot X。记录。

② 另外还有社会团结分摊金（C3S），这一分摊金旨为个别非雇员社会保障制度融资。

③ 《社会保障法典》第L. 245-7s，尽管这一税种目的是有关公共健康的，我们还需要思考，红酒比其他酒精类纳税少些。

④ 《社会保障法典》第L. 138-1s款，宪法委员会1998年12月18日第98-404决议，《社会司法期刊》（RJS），1999（292）.

⑤ 《社会保障法典》第L. 245-1款。

⑥ 《社会保障法典》第L. 245-6-1s款。

⑦ 《社会保障法典》第L. 245-5-1s款。

营业收入的0.525%的特别分摊金；[①] 对雇主补充保险缴费部分征税的税收收入；[②] 补充保险机构营业税；[③] 雇主和雇员股票期权和免费赠予股票缴纳的分摊金；雇主退休储蓄计划[④]超额部分缴纳的分摊金和企业给予员工职业生涯结束后的退休补助所缴纳的分摊金；[⑤] 2%的收入提留（收入基数同一般社会保障分摊金 CSG）；[⑥] 机动车保险费的分摊金。[⑦]

以上这些税收所得全部或部分用于资助一般社会保障制度的某一分支或整体制度运行。比如酒类消费和含酒精饮料消费税、[⑧] 一定比例的非酒精饮料消费、[⑨] 一定比例的烟草消费税[⑩]，以及一定比例的机动车强制保险和补充保险费。[⑪]

此外，针对非雇员社会保障收取的社会团结分摊金（C3S）划拨入养老团结基金（Fonds de Solidarité Vieillesse）。

总而言之，正如审计法院报告评价的："当前的社会保障筹资制度安排特征是税收范围扩大、涉及部门多、税基差异大，影响了社会保障资金筹集和运行的清晰性"。[⑫]

2. 一般社会缴费（CSG）和社会保障债务补偿缴费（CRDS）

一般社会缴费 CSG 和社会保障债务补偿缴费自 1997 年以来，它们的缴费基数是相同的，都是经济活动收入；也就是说 CSG 和 CRDS 的缴费基数不

---

① 2004 年《社会保障财政法》（2003 年 12 月 18 日第 2003-1199 号法律，见《法国官报》（JORF），2003 年 12 月 19 日，第 12-VII 款）。

② 《社会保障法典》第 L. 137-1s；Cohen M. 对雇主补充保险缴费部分征 8%的税收. 社会法实践期刊（RPDS），1999（313）.

③ 《社会保障法典》第 L. 862-4 款。

④ 《社会保障法典》第 L. 137-5 款。

⑤ 《社会保障法典》第 L. 137-11 款。

⑥ 《社会保障法典》第 L. 245-14s 款。

⑦ 《保险法》第 L. 213-1 和 L. 213-2。

⑧ 《税务总法》第 403 款，这一税种由财务行政部门征收。

⑨ 《社会保障法典》第 L. 135-3 和税务总法第 402 款，406A，438 和 520A 款。

⑩ 《社会保障法典》第 L. 241-2 款。

⑪ 《社会保障法典》第 L. 237-6 款。

⑫ 审计法院. 社会保障 2012 年年报. 2012（9）：162.

仅是工资收入，还有其他收入。[①] CSG 被指定为永久性缴费，而 CRDS 最先为 10 年期暂时性缴费，而后延长至 14 年、18 年，最后延长至 25 年。

（1）一般社会缴费（CSG）

经过长期的争论，CSG 终于在 1991 年设立。它的设立也标志了社会保障经费来源开始向多元化发展。事实上，在 1991 年设立的背景主要是考虑到家庭津贴的一体化，从而摒弃各项缴费单独运行，也就是说根据支出调整收入（收费）是创建 CSG 的产生动机。

CSG 部分的替代了社会分摊金并在经济活动收入基数基础上扩大了社会保障经费来源，这一措施的颁布同非缴费津贴部分的增长相一致。它构成了一般社会保障制度筹资原则的主要变化。

一般社会缴费 CSG 表现出以下独特的特点：

①双重法律属性。法国最高行政法院认为，一般社会缴费 CSG 不属于社会保障分摊金。[②] 但是欧盟法院为防止针对外国劳动者的重复缴费，还是将其归于社会分摊金相关规范的司法体系。此外，宪法委员会认为，“没有任何一种和宪法一样高度的法律准则、规则或机构可以阻碍一般社会缴费的设立。按照《宪法》第 34 条规定，它从属于税收类别，可以应用于除了社会保障以外的其他用途”[③]。最高法院在 2012 年 5 月 31 日判决中[④]已经肯定了一般社会缴费的双重法律属性，即一方面根据《宪法》第 34 条，它从属于“所有税种之一”，另一方面在欧洲法体系中它属于社会保障缴费。

②CSG 的缴费基数不限于薪酬收入，而是扩展到了资本收入、竞赛收入

① 要说明的是 CSG 和 CRDS 不适用于居住在法国境内但在他国从事经济活动的，以及参加工作地社会保障缴费的边境居民，参考欧盟法院（CJCE）2000 年 2 月 15 日 C-34/98 和 C-169/98 发布的欧洲委员会和法国. 司法周刊 E 卷 2000 年（JCP E），2000。350。

② 1999 年 10 月 6 日《TPS》最高行政法院第 444 页。

③ 2001 年 7 月 18 日宪法委员会第 2001-447 号决议，参见 2001 年 7 月 21 日《法国官报》（JORF）第 11743 页。

④ 2012 年 5 月 31 日最高法院社会庭（Soc.）第 11-10762 期，同时参考《宪法法律适用期刊》（Revue de droit constitutionnel appliqué，第 2013 年第 1 期，第 55 页）.

等其他收入。[①]

③CSG 的设计初衷是不可抵收入所得税的。而 CSG 的实行替代雇员医疗保险缴费，以及缴费基数范围的扩大使得它作为一个“税种”[②] 在后来可以抵扣所得税，这必然构成一般社会缴费的复杂性。

由于缴费的收入范围持续扩大，以及资金用途的不断增加，CSG 的发展过程中缴费比率持续上涨。CSG 在一般社会保障制度的资金筹措中的地位也越发重要。

一般社会缴费中各个部分的缴费基数并不相同：这些收入基数分别是经济活动收入、社会保障替代收入[③]、财产收入[④]、投资产品[⑤]、博彩收入[⑥]等。所有以法国为税居地的自然人须向税务机构缴纳收入税和缴纳强制医疗保险。[⑦]

一般社会缴费（CSG）和社会债务补偿缴费（CRDS）的缴费基数不是全部的经济活动收入：自 2012 年 1 月 1 日以后，在一定封顶线以内，1.75％的工资额享受 CSG 和 CRDS 的减免。根据 2011 年颁布的《社会保障筹资法》规定，这里所说的封顶线是 4 倍于社会保障缴费封顶线，4 倍以上部分不享受 1.75％的减免，100％按规定缴费。[⑧]

为了补偿缴费缺口，一般社会缴费率已经提高多次。

2012 年《财政法修正案》颁布以后，一般社会缴费率为薪酬的 7.5％；被保险人疾病、生育、工伤期间，费率按照补偿金的 6.2％计算；退休人员费

---

① 相关的诉讼案件反映了一般社会缴费 CSG 的复杂性：关于财产所得一般社会缴费（税）的争议，关于行政管辖的处理争议，以及经营收入所得和社会保障一般争议的替代收入等参考：1999 年 3 月 22 日最高行政法院（CE），《社会司法期刊 2000》（RJS 2000），No. 324.

② 宪法委员会，1990 年 12 月 28 日，“一般社会缴费不建立在简单的缴费替代的基础上”。

③ 《社会保障法典》第 L. 136-1 s 款。

④ 《社会保障法典》第 L. 136-6 款。

⑤ 《社会保障法典》第 L. 136-7 款。

⑥ 《社会保障法典》第 L. 136-7-1 款。

⑦ 《社会保障法典》第 L. 136-6 款。

⑧ 《社会保障法典》第 L. 136-2 款。

率为6.6%。其他费率分别为：财产收入按10.2%计算，博彩收入按照6.9%计算。[①]

（2）社会债务补偿缴费（CRDS）

社会债务补偿缴费（CRDS）被划拨给社会折旧和债务基金（CADS）并由其管理。缴费基数和“一般社会缴费”（CGS）一样，其法律属性模糊。缴费费率为0.5%。

（3）其他类似社会缴费

随着时间推移，有一系列同CSG逻辑相同但属性不同的社会性缴费陆续实行，它们基本上都是以CSG相同的缴费基数，但尚未整合，比如资本收入的社会性缴费。

2010年5月12日颁布的第2010—476号法律关于网上游戏的社会性缴费规定，开设了三个关于巴黎马术、在线博彩游戏等新的社会性缴费，这一领域中原有的CSG和CRDS两项收费被取代。

2013年《社会保障筹资法》开创了一种新的缴费名目，称之为“自主团结附加费”（contribution addtionnelle de solidarité pour l'autonomie，CASA），针对退休人员，费率为可课税收入的0.3%，自2013年4月1日开始实行。

3. 定额社保分摊金（Forfait Social）

《社会保障筹资法》第13条[②]设立了新的只有雇主缴费的社会捐税，称为“定额社保分摊金”（Forfait Social），[③]针对雇员人数10人以上的雇主。缴费基数为薪资总数减去包括CSG在内的社会保障费用。[④]

以下项目免收定额社保分摊金：已经计算在雇主10%缴费率的股票期权

① 《税法总法》（CGI）第4B款。

② 第2008-1330号法律，见2008年12月18日《法国官报》（JORF）。

③ 参见财政委员会、一般经济委员会和文化事务、家庭和社会事务委员会的关于“社保分摊金免税信息”的报告，全国议会，2008年6月。

④ 《社会保障法典》第L. 137-15至L. 137-17款。

和免费赠股；雇主补充医疗保险缴费，在特定情况下劳动合同终止的赔偿金部分，按照《旅游法典》第 L. 411-9 款规定雇主发放的度假支票等。定额社保分摊金的征收比率最初为 2%，如今为 8%。

定额社保分摊金由社会保障和家庭津贴联盟（URSSAF）征收，用于医疗保险费用的筹集。

第二节　社会保险费的征收

缴纳社会保险费是法定义务。首先，雇主对一般社会保险制度具有缴费义务。雇主向所属的地方社会保障和家庭津贴联盟（URSSAF）缴纳社会保险费。① 在雇主和雇员同时缴费的情况下，雇主在每次支付工资时预扣个人缴费的部分，这一制度使得雇主成为社会保险制度的组织者和重要的经费来源之一。这样的形式也使得 URSSAF 可以检查雇主和雇员是否按照法定义务缴纳一般社会保险缴费（CSG）和社会保险债务费（CRDS），是否按照规定期限和数额缴纳。如果雇主没有按照规定的期限缴纳社会保险费，将按照规定对他们进行惩罚。

这里我们注意到，无论是 CSG 还是 CRDS 或是基于职业收入的一般社会缴费，都是由社会保障和家庭津贴联盟（URSSAF）收缴。②

一、雇主义务

对雇员社会保险费的收缴通过雇主进行，也就是从雇主发放的薪资中直接扣除。根据《社会保障法典》第 L. 241-8 款规定，社会保险费用和家庭福利税只由雇主负责收缴，其他与此规定相违背的条款均无效。雇员也无权反对雇主进行预先扣除。

社会保险费必须在规定的期限内缴纳，这一期限根据企业员工人数确

---

① 《社会保障法典》第 L. 213-1 款。

② 《社会保障法典》第 L. 136-3 款。

定。[①] 有关费用的调整在每年申报要求的期限内完成。[②] 因为存在规定的缴纳期限和调整期限，所以就会产生社会保险费欠款的问题。

雇主通过电子网络进行实名社会申报（DSN）使得相关机构可以对每个雇员上个月的薪金、到职和离职日期、工作合同的终止或重新开始以及工作合同的期限等相关信息进行统一管理。实名社会申报在 2016 年开始逐步替代其他雇主申报项目，如雇主向疾病保险基金管理机构、海员家庭津贴基金管理机构、社会保障和家庭津贴联盟以及一般社会保险基金管理机构的申报。[③]

《社会保障法典》第 R. 243-6 款规定，社会保险费的缴纳是以工资为计算基数的。[④] 雇主缴纳的方式可以是汇票、转账[⑤]、现金或支票，甚至普遍支付证券（TUP）或银行间支付证券（TIP）。如果雇主不能在规定期限内缴纳社会保险费，URSSAF 可以在有抵押的条件下在一段时间内延长支付期限，但是延缓期不能改变社会保险费的缴纳日期以及因为延期而增加的费用。[⑥] 值得注意的是，社会保险事务法院可以保留减少延迟罚金的权利，但条件是所欠社会保险费如数上缴，并且负债方不具有恶意欺骗。[⑦]

二、URSSAF 监管

社会保险费由企业进行计算、申报并支付。为了保证申报信息的一致性和完整性，URSSAF 会进行监督和检查。这种针对雇主（私有制或公有制）申报的社会保障“缴费基数的会计监督”是由社会保险费用征收监察员进行检查，也是 URSSAF 的一项重要工作。[⑧] 关于社保缴费基数的检查程序一般

---

① 根据《社会保障法典》第 R. 243-6，R. 243-8 以及 R. 243-10 款的有关员工数决定。

② 《社会保障法典》第 R. 243-10 和 R. 243-14 款。

③ 《社会保障法典》第 L. 133-5-3 款。

④ Soc. 25 mai 1992，Bull. V，p. 363.

⑤ Soc. 3 mai 1984，Bull. V，p. 132.

⑥ Soc. 27 sept. 1990，RJS，1990，No. 822；Soc.，6 mai et 10 mars 1999，Juris. soc. UIMM，No. 99-632，p. 406.

⑦ Soc.，24 févr. et 2 mars 2000，RJS 2000，No. 441.

⑧ 《社会保障法典》第 L. 243-7，L. 244-3，R. 243-59 以及 L. 243-11 款。参考：Ngo Ky T.（dir.），Vademecum du contrôle URSSAF，Séfi Éd.，2008.

比较简单。①

《社会保障法典》第 R. 243-43-3 款规定，为行使第 L. 213-1 规定的任务，保费收缴机构应该核实各类雇主（包括私人部门、公共部门以及自雇人员）申报信息的准确性和合法性。为达到这一目的，他们将缴费方提供的相关资料和信息同依法从其他部门获得的信息进行比对。比对的结果并不马上进行裁判，而是将判别的任务交给有关条款规定的监察代理人。

在实践中，一般只是简单区分两种检查：一般性检查和针对隐性就业不申报的监管。虽然第二种监管适用的规则比较分散，不过 URSSAF 这方面监管的功能大大延伸，表现在《社会保障法典》② 和《劳动法》都有相应规定。

参照税务部门在 20 世纪 80 年代创建的相关规定，社会保障收缴部门制定了《缴费基本原则》，旨在告知缴费者的权利以及社保经费收缴机构所享有的特权，并在 2008 年加以修订。

《缴费基本原则》的制度目的是“综合性阐述监管的形式和开展，以及缴费者在整个过程中所享受的权利”。③ 事实上，这一“基本原则”特别强调了被审查的缴费者所履行的义务。

中央社会保险基金管理办公室（ACOSS）每年向各个直属机构发出“全国监察计划”，确定对某些部门的大型企业特别检查、大型跨地区的大企业的检查分配，以及那些引起个别国家职能部门关注的目标企业，考察期是当年和接下来的两年。

1. 由 URSSAF 进行的一般性检查

URSSAF 的地区划分一般是由社会保险部长法令规定的。④

---

① 《社会保障法典》第 R. 243-59 款。Jonin D. Premiers commentaires *à* la suite de la validation du contrôle URSSAF par échantillonnage. Sem. soc. Lamy 2007：2.

② 《社会保障法典》第 L. 243-7 款。

③ Arr. 26 juill. 2007 fixant le modèle de la Charte du cotisant contrôlé mentionnée *à* l'art. R. 243-59 CSS.

④ 《社会保障法典》第 D. 213-1 款。

《社会保障法典》第 R. 243-59 款规定了“在对任何企业进行检查之前必须通过有回执的挂号信下达通知”。[①] 缴费企业必须接待保费征收机构的检查，并向其提供检查所需的会计资料。[②] 特别是自 2007 年以来，在通知企业检查时，必须同时通知缴费企业在哪里可以查询到保险费稽查的“基本原则”。同时，“基本原则”规定的权利和义务在开始检查时就必须得到落实。

社保征收机构通过其检查员或其代理人的稽核工作可以持续若干周甚至若干月。最后向企业提交一份含有“稽查日期、稽查目的，审核的文件名录、检查期限以及检查结束日期，并指示检查的性质、计算方法以及需要调整的量”。[③]

检查结束后的意见书需提及“适用的相关法律法规内容和形式”。[④] 意见书的结果可以分为三种情况：

（1）无须任何调整，一切正常。这种情况当然无须后续程序。有时检查的结果是企业超额支付社会保险费，因此这种情况称之为“超额缴费检查”。

（2）检察员发现企业的一些具体操作方法不太符合最新社会保障法典律法规。但无须进行后续跟进检查，只是提示企业调整操作方法。

（3）需要纠正和调整。在这种情况下，一般监督检查的负责人出具的报告结构是统一的，包含的主要方面有：涉查问题的提出、事实认定、问题本源的性质、一般借助考查年份的会计表，针对特定人员、收入基数、适用费率以及纠正后的缴费总额。

被调查企业有 30 天时间对保费征收调查人员的调查报告进行解释阐述。30 天结束后，检查阶段的工作彻底结束，开始进行严格意义上的收缴阶段。

URSSAF 在这一阶段需通过有回执的挂号信形式通知企业进行调整缴费金额。发送通知的形式极为重要，否则社会保险费调整（补缴）通知可作废

① 涉嫌非法用工时，检查不会预先通知。

② 《社会保障法典》第 L. 243-11 款。

③ Civ 2e，16 févr. 2012，Sem. soc. Lamy 2012，No. 1528：14.

④ Civ. 2e，4 fév. 2010，No. 09-10862.

处理。通知的内容包括要求企业在接下来的一个月时间[①]将社会保险缴费规范化。通知还使企业当事人认识到问题的本质、原因及其义务。为此，除了需要明确缴费的性质和收缴的数额，还需明确相应期限，除非企业有反对证据。[②]需要注意的是，社会保险费调整通知所涉及的缴费只向上追溯三年。[③] 若在一个月内当事企业没有按照规定补缴，URSSAF 则有权强制征收其应收费用。

2. URSSAF 检查代理人调查范围

负责检查的人员可以借助可收集到的一切信息，在此基础上，一方面，根据计算确定员工是否得到应有的薪资和福利；另一方面，企业用工是否符合规范（员工或是自由职业者）。

检查员或督察员调查权力范围很广 ：最高法院（la Cours Cassation）自 1955 年[④]已经明确，社会保险征收代理人具有要求解释所有有关文件的权利，包括雇主私存的文件。同时，他们也具有文件的获取权以及要求得到所有有关信息的权力。[⑤] 比如年度社会数据报表（DADS），工资单，缴费单据（BRC），会计明细以及凭证、法律文件（各种工商部门营业执照、经营范围、劳动合同，证明材料等）。检查人员也有权获取稽查年份的电子信息。[⑥]

《社会保障法典》第 L. 243-11 也规定了一切反对或阻碍检查行动的均属于妨碍 URSSAF 公务罪。总之，不可能通过和 URSSAF 和解的方式使缴费争议终结。

虽然调查范围很广，不过法律也对赋予调查人员的权力进行严格限制。[⑦] 比如，上文提到的“必要性文件”的概念：即不能要求对检查没有任何用处

---

① 《社会保障法典》第 L. 244-2 款。

② Soc. 19 mars 1992，Lexbase A1077AA7.

③ 《社会保障法典》第 L. 244-3 款。

④ Crim. 17 nov. 1955，Bull. A-No. 48-1956.

⑤ 《社会保障法典》第 R. 243-59 款。

⑥ 《社会保障法典》第 L. 243-12 和 R. 243-59 款。

⑦ Langlois Ph. Quand l'URSSAF fait une interprétation erronée de la loi. Sem. soc. Lamy 2008：7.

的文件，和调查问题无关的以及失效的老旧文件。[①]《社会保障法典》第 R. 243-59 款表明，调查人员职能在所调查企业或工作场所内对雇员进行访谈，并要求提供必要的文件。禁止前往雇员住所进行问询。[②] 如果可以在工作时间和工作场所对雇员进行访谈，调查人员不能在工作时间以外向其住所邮寄问卷，如果补缴调查报告是基于这些问卷基础上得出的结论，则该报告无效。[③] 此外，被调查的企业有权反对所提供的资料被带出企业所在地。[④]

三、违规惩罚措施

这里一般有两种惩罚措施，其一是强制收缴；其二是民事和刑事责任。

1. 强制征收社会保险费

如果调查报告显示，企业需补缴一定数额的社会保险费，而企业在法律规定期限内没有补缴，社会保险金的征收机构（URSAFF）则可以通过专门程序对其进行惩罚。URSSAF 首先需如前文所述，向企业发书面通知，[⑤] 告知企业所欠费用在规定期限内必须缴纳。分管该企业的 USSAF 有权申请社会保障有关司法机关进行裁决。[⑥]

如果企业拒不执行警告和书面通知，债权机构则可以出具“约束书”(Contrainte)[⑦]。URSSAF 一般通过这个程序对所欠社会保险费用进行催缴，因为这一程序简单快捷。[⑧]

如果欠款企业没有在 15 日内向社会事务法院提出反对意见，这项“约束书”判决生效，并由法警对其不动产抵押进行强制执行。[⑨]

---

① Rép. min.，6 fév. 1968，JO Sénat Q，No. 7288.

② Soc. 28 nov. 1991.

③ Soc. 27 févr. 2003.

④ V. aussi，Bascou H. G.，Ranc J. C.，L'interrogation des personnes rémunérées，l'accès *à* tout document ou support d'information ：droits et obligations de l'inspecteur Urssaf. Gaz. 2001 (17).

⑤ 《社会保障法典》第 R. 244-1 款。

⑥ 《社会保障法典》第 L. 244-11 款。

⑦ 《社会保障法典》第 L. 244-9 款，社会法庭，1994.

⑧ 《社会保障法典》第 R. 133-4 款。

⑨ 社会法庭，1986 年 7 月 21 日，Juris. soc. UIMM 86-478：418.

2. 惩罚措施

对拒不补缴社会保险费的惩罚措施分为民事和刑事两个责任等级。

（1）民事处罚

民事处罚包括罚款、逾期罚款和民事赔偿责任。当欠费企业没有在法律规定的期限内清偿其欠款，则会产生逾期罚款，逾期罚款在有些情况下可以申请减额。只要超过要求的缴费期限，逾期罚款为欠费额的5%。[①] 在次年2月1日之后每月在此基础上每月增加0.4%或欠款额的月利率。[②]

（2）刑事处罚

欠费企业如果不按照规则进行社会保险缴费和申报，将被起诉到警察法庭。[③] 罚款数额根据涉及员工数量确定，在反复触犯规则时会加大处罚力度。

此外，当企业截留所代扣的员工缴费部分时，将对其进行特别刑事制裁。[④] 构成犯罪的唯一条件是不向URSSAF支付所扣保费，欺骗和挪用都不构成刑事制裁的条件[⑤]。

对于企业而言，在明知需报工义务而不履行就构成非法用工罪。[⑥] 非法做工（黑工）对个人，可处三年以下有期徒刑和4.5万欧元的罚款。[⑦] 企业非法用工则会判处22.5万欧元的罚款，[⑧] 5年及以上有期徒刑，并在5年内禁止企业和企业法人从事一切经营活动。[⑨]

但是如果“非法用工”是因为在向社会保障组织申报的程序中疏漏而造成（需要了解疏漏的缘由）的，企业只需进行补充申报即可。

---

① 《社会保障法典》第L. 244-5。社会法庭，1995-02-09.

② 《社会保障法典》第R. 243-18～R. 243-19款。

③ 《社会保障法典》第L. 244-1款。参见Salomon R. La fraude pénale en droit de la sécurité sociale，Economica，2013.

④ 《社会保障法典》第L. 243-1和第R. 244-3款。

⑤ Crim. 23déc. 1959；Bull. crim. 1959，No. 580.

⑥ 《劳动法》第L. 8221-1和第L. 8221-32款。

⑦ 《劳动法》第L. 8224-1款。

⑧ 《劳动法》第L. 8224-5款。

⑨ 行政罚款相当于300倍最低小时工资。详见《劳动法》第L. 1221-10和L. 1221-11款。

第十章

法国社会保障部分统计数据

在这一章中，我们将用一些统计数据介绍有关法国的社会经济及保障状况发展情况（第一节）。在此基础上，我们将粗略考查公共财政支出（第二节）和社会保障支出情况（第三节）。

第一节　关于法国的部分宏观数据

法国作为欧盟成员国之一，本土面积约为 55 万平方公里。

一、部分人口数据

截至 2015 年 1 月 1 日，法国人口总计 6 630 万人，其中法国本土 6 420 万人，210 万人在法国的海外省。人口总数比上一年增加 30 万人，增长率为 0.4%。2014 年的出生率与上一年持平，但死亡率较 2012 年和 2013 年降低。因此，人口增长率总体而言较这两年高。

女性人口人均预期寿命为 85.4 岁，男性为 79.2 岁。育龄妇女生育率为欧洲最高，并且生育率在近年来都比较稳定。[①]

按照当前人口发展趋势预计，法国人口将在 2060 年 1 月 1 日达到 7 360 万人，比 2007 年人口增加 1 180 万人。此外，60 岁以上人口还将增加，将达到 1 000 万人以上。2060 年，三个人中将有一个人是 60 岁以上。

我们还可以预测，至 2035 年，尽管针对育龄妇女的生育率、移民人口以

① 数据来源：法国统计和经济研究所. 法国简介. 2015：2.

及死亡率会有不同的假设，60 岁及以上人口的比例必然将大幅提高。不过人口发展研究表明，2035 年以后尽管这一群体的绝对数还将增加，但随着婴儿潮一代度过这一年龄段，增速将下降。

二、部分宏观经济数据

（一）国内生产总值（GDP）及其构成（单位：十亿欧元）①

表 10—1　　法国国内生产总值 GDP 及构成

（2008—2014 年）　　（单位：十亿欧元）

项目 \ 年份	2008	2009	2010	2011	2012	2013	2014
按收入法（Ressources）							
GDP（1）	1 995.8	1 939.0	1 998.5	2 059.3	2 086.9	2 116.6	2 132.4
进口物资和服务（2）	581.5	494.4	558.1	625.3	640.2	642.6	651.1
总计(3)＝(1)＋(2)＝(4)＋(8)＋(14)＋(15)＋(16)＝(15)＋(16)＋(17)＝(16)＋(18)	2 577.4	2 433.4	2 556.6	2 684.6	2 727.2	2 759.1	2 783.5
按支出法（Emplois）							
消费支出（4）＝（5）＋（6）＋（7）	1 550.0	1 553.5	1 598.2	1 634.1	1 659.3	1 683.9	1 699.2
1. 家庭支出（5）	1 066.6	1 051.5	1 082.4	1 106.9	1 119.6	1 132.7	1 139.0
2. 公共行政支出（6）	447.3	463.9	476.2	486.1	497.6	508.0	515.9
其中：个人支出	288.9	298.6	307.8	313.8	320.5	326.8	333.5
集体支出	158.4	165.3	168.4	172.3	177.1	181.2	182.4
3. 非营利组织（机构）家庭服务（7）	36.2	38.1	39.6	41.0	42.1	43.2	44.3
固定资本投资(8)＝(9)＋(10)＋(11)＋(12)＋(13)	470.1	427.3	441.1	461.6	469.1	467.9	462.5
非金融性公司或企业（9）	252.3	223.3	234.0	248.3	251.1	253.8	258.1
金融性公司或企业（10）	16.1	14.2	13.1	15.6	18.2	15.4	16.1
公共行政（11）	78.6	82.4	82.9	81.6	84.5	84.9	78.6
家庭（除个体户）(12)	119.5	103.5	107.1	111.9	111.1	109.5	105.2

① 数据来源：法国统计和经济研究所. 国民经济账户（2010）.

续表

项目＼年份	2008	2009	2010	2011	2012	2013	2014
非营利组织家庭服务（13）	3.6	3.8	4.0	4.1	4.2	4.3	4.4
贵重物品贬值（14）	0.9	0.5	0.7	0.7	0.7	0.7	0.7
库存差（15）	9.7	－14.7	－3.9	15.7	2.8	3.4	9.4
出口物资和服务（16）	546.6	466.8	520.5	572.6	595.2	603.2	611.8
内需（库存除外）（17）	2 021.1	1 981.4	2 039.9	2 096.3	2 129.1	2 152.5	2 162.3
内需（包括库存）（18）	2 030.8	1 966.7	2 036.10	2 112	2 132	2 155.9	2 171.7

注：因四舍五入原因，部分数据存在与分项合计不等的情况。

（二）GDP 各构成部分对增长率贡献

表 10—2　　GDP 各构成部分变动对 GDP 增长率贡献　　（%）

构成部分＼年份	2011	2012	2013（r）	2014（r）	2015
最终消费支出	0.5	0.3	0.6	0.7	1.2
其中：家庭消费	0.2	－0.1	0.3	0.3	0.8
公共行政支出	0.2	0.4	0.3	0.3	0.3
为家庭服务的非营利机构支出	0	0	0	0	0
固定资本投资	0.5	0.1	－0.2	－0.1	0.2
其中：非金融性公司和个体商户	0.5	0	0	0.2	0.3
金融性公司和个体商户	0.1	0.1	－0.2	0.1	0.1
公共行政投资	－0.2	0.1	0	－0.2	－0.1
家庭（不包括个体企业）投资	0.1	－0.1	0	－0.2	0
非营利性公司和个人商户投资	0	0	0	0	0
商品和服务进出口	0	0.5	－0.1	－0.5	－0.3
其中：出口	1.8	0.7	0.5	1	1.8
进口	－1.8	－0.2	－0.6	－1.4	－2.1
贵重物品价值	0	0	0	0	0
库存变动	1.1	－0.6	0.2	0.5	0.1
GDP（不考虑价格因素）	2.1	0.2	0.6	0.6	1.3

注：（r）表示修正数据，因四舍五入原因，部分数据存在与分项合计不等的情况。

数据来源：法国统计和经济研究所．国民经济账户（2010）（Insee，comptes nationaux-base 201）

按照表 10—1 中法国近年来 GDP 各组成部分变动的数据，我们可以简单分析 2014 年各构成部分对增长率的贡献。对外贸易差和投资总额对 GDP 的增长起负向左右。而国内消费拉动国内生产总值的增长，库存也略有增加，对 GDP 增长起到推动作用。

表 10—3　法国经济增长率与世界平均水平部分国家和地区的比较　（%）

国家＼年份	2014 年	2015 年	2016 年
世界增长平均水平	3.4	3.2	3.6
美国	2.4	2.3	2.8
日本	−0.1	0.6	1.0
英国	3.0	2.6	2.2
欧元区	0.8	1.5	1.8
德国	1.6	1.6	1.8
法国	0.2	1.0	1.5
意大利	−0.4	0.7	1.3
西班牙	1.4	3.1	2.9
发展中国家	4.6	4.0	4.6

数据来源：FMI 经济预测。

第二节　部分财政和社会指标

一、持续的公共财政赤字

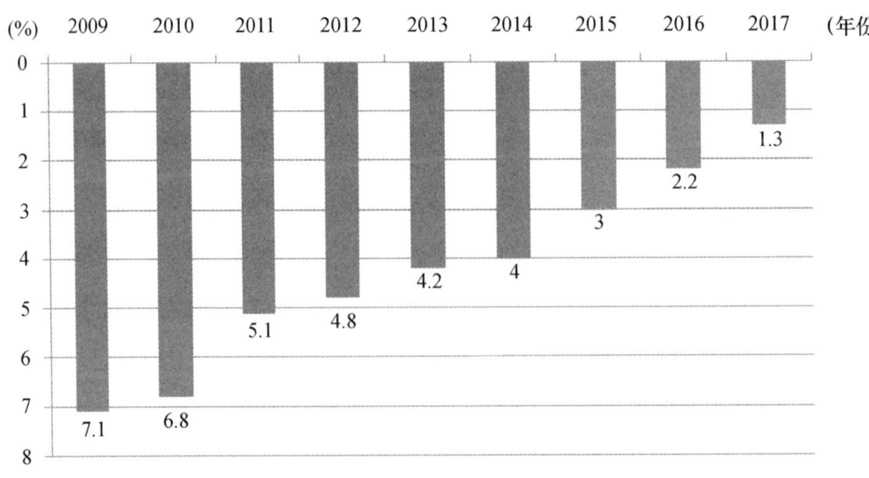

图 10—1　公共财政赤字占 GDP 的百分比

注：2015 年、2016 年和 2017 年数字是估计数据。

二、就业及其发展

从 1975 至 2007 年，法国新增 350 万个就业机会。然而，法国经济可就业人口数增长为 500 万人。因此，就业机会的增加并不能满足劳动适龄人口增长对就业的需求。在过去的几十年，第三产业的扩张，尤其是服务业的发展弥补了工业部门（第二产业）就业的萎缩。这表现为一些产品生产中，伴随着部分职能部门外包而产生了中间环节和职业。少于 10 人的小企业在吸收就业能力方面表现最为活跃，在 1976 至 2006 年年间，这些小企业提供的新增就业机会增加 62%。这一比例随着企业规模的增加而有规律减少，超过 500 人的企业吸收就业能力为负增长（−36%）。

与此同时，就业形式和就业者身份也有所改变。自雇劳动者减少，采用特殊劳动合同形式的就业增加。根据部门和经济活动人口不同，灵活就业形式在进入就业市场和退出就业市场的两个时间段比较集中。2007 年，17%的经济活动人口为非全职，其中 30%希望增加劳动时间。20 世纪 60 年代以来，就业人口性别结构也发生改变，女性劳动力增加，如今男女各占半壁江山。女性劳动力素质提高，且集中在 25 到 54 岁之间。[①]

非雇员劳动者在 20 世纪八九十年代经历了大规模减少，而在 2000 年以后开始稳定。2008 年后有所回升（尤其是 2008 年以后非雇员中自由职业者有所增加）。

对于企业雇员的就业合同形式，有固定期限劳动合同（短期劳动合同，CDD）以及临时工和无固定期限（长期劳动合同，CDI）劳动合同几种形式同时存在。非全职就业形式在经历了 20 世纪八九十年代大规模增长，在 2000 年后，其比例稳定在 13.5%的水平。不考虑数量浮动较大的政府补贴型就业合同，定期劳动合同在 1980 至 2000 年年间减少一半，2000 年以后略有增加。

---

① Jean-Louis Dayan. 法国三十年就业状况. DARES ANALYSES，2015，4（208）.

法国像其他工业化国家一样，无固定期限劳动合同是就业的主要形式。这一合同的比例在2000年以后在87%上下波动。临时劳动合同的期限越来越短。这一现象尤其表现在自2003年以后低于一个月的有固定期限合同（CDD）快速增长，特别是第三产业部门使用短期合同的情况尤其多。我们也观察到，2008年以来，临时工作合同的平均期限也在一定程度缩短。

此外，临时就业形式对于部分就业人群有特别重要的地位。比如15至24岁的年轻就业人群中超过50%属于临时合同。在工人和未受到高等教育的雇员中，这一比例分别是30%和18%。

最后一点，雇员的就业条件也有了很大变化。非全职工作比例提高，特别在20世纪八九十年代期间，之后提高幅度放缓。工作作息时间也开始多样化，2000年以后，远程工作的形式也快速发展。

值得一提的是，在企业雇员和自雇人员间产生了一些新的就业形式，不过这些形式目前还没有得到充分发展。

如前文所提，在过去的几十年间，在独立就业形式和企业雇员之间出现了一些新的就业形式：

（1）雇主公司（portage salarial），这种就业形式可以使个人自主从事经营活动，并同时享受雇员保障。

（2）就业和经营活动合作组织（Les coopératives d'activité et d'emploi，CAE），这种形式旨在给予创业人员一种安全机制，以及企业主和雇员的双重身份，之后他可以成为合作组织的股东。

（3）混合形式，这种形式中独立工作者开展经营活动，但需要按照某个企业规定的经营模式开展，比如加盟商、非雇员性质的附属食品业的总经理等。

（4）一些独立工作者，因为经济来源不稳定的原因可以选择介于雇员和独立工作者之间的身份。

除此以外，一个雇员、多个雇主的情况的发展也改变了传统上的劳资关系。

（1）一人多职的情况显著增加，当前大约200万人属于这种情况。

（2）工作时间的有效分配是为了便于多种职业活动的管理。

（3）雇主联合组织使企业可以分享人力资源，以保证一人多职的员工的职业生涯发展。但是这些组织还没有得到显著发展。

（4）分享劳动时间的就业形式的创建是为了在企业间（或劳动力市场上）分享人工，不过至今仍鲜见应用。

第三节　社会保障费用支出概况

根据社会事务和健康统计局（Drees）统计，2013年，法国社会保障支出总计7 150亿欧元，占GDP约33.8%。各种津贴和社会补助构成了支出的主要部分，达到6 720亿欧元，占GDP的31.7%。在2010至2012年年间，这一数字以3%的速度增长，低于2000至2009年4.6%的平均增长水平。

在各种主要津贴中，医疗健康支出（占所有津贴支出的37%）在2005年以后开始放缓增速，2013年为2 328亿欧元。而与养老相关的保障支出则达到了3 705亿欧元，占所有津贴总额的46%，且还会随着退休人口的增加以及寿命的延长而持续增长。①

2013年促进就业方面的津贴支出为409亿元，占GDP的1.9%，增长率为3.8%，相比2012年的增长率（5.6%）增速放缓。在促进就业的津贴支出中，失业补贴增长4.5%，相比于2012年5.9%的增长率也有所降低。在主要的失业补贴中，促进重返就业金（ARE）在2013年增长速度很快，为4.1%，但也低于2012年5.7%的增速。这一动态变化的原因是，2013年相比2012年，领取失业者人数增长速度降低，由4.8%降低至3.8%。

职业融合津贴和再融合津贴（Prestations d'insertion/réinsertion professi-

① 社会事务和健康统计局. 法国和欧洲社会保障（2013）. 2015：5.

onnelle）支出降低了3.3%（2012年较上一年增加1.9%），这一点与创业或重新创业补助的大幅降低（2013年较上一年降低12.8%）相关联。

社会贫困和社会排斥风险津贴在2013年增加到168亿欧元，增速为6.6%，大大高于2012年的3.7%增速。①

① 数据来自社会事务和健康统计局。

结　束　语

法国的社会保障制度一直在不断地演变之中。在欧洲整体经济增长放缓和停滞的背景下，关于这一公共干预措施的讨论集中在财务预算的严重不足和公共支出的限制上。

我们也注意到，储蓄，特别是有税收优惠和国家间接融资的私人保险等无差别社会保障形式开始兴起。“快速再就业”也成为公共政策的主旨。也就是说社会保险或社会救助的受益人应当尽快重返就业状态，以减少制度的支付压力并为社会保障制度重新缴费。然而，因为劳动力市场中低技能和年龄大的劳动者就业机会不多，这一愿景很难实现。

这种“减少国家干预”或进入劳动力市场困难会使大众备受煎熬，容易导致人民抗议。因此，在法国，解决好社会保障的问题也是社会的根本问题之一。